山东财经大学马克思主义学院教改资助项目

姜桂芝　乔宗方 / 编著

新时代农民素养培育研究

XINSHIDAINONGMIN SUYANG PEIYU YANJIU

中国政法大学出版社

2020·北京

声　　明　　1. 版权所有，侵权必究。

　　　　　　2. 如有缺页、倒装问题，由出版社负责退换。

图书在版编目（CIP）数据

新时代农民素养培育研究/姜桂芝，乔宗方编著. —北京：中国政法大学出版社，2020.12
ISBN 978-7-5620-6659-0

Ⅰ.①新… Ⅱ.①姜… ②乔… Ⅲ.①农民－素质教育－研究－中国 Ⅳ.①D422.6

中国版本图书馆 CIP 数据核字（2021）第 008293 号

出 版 者	中国政法大学出版社
地　　址	北京市海淀区西土城路 25 号
邮寄地址	北京 100088 信箱 8034 分箱　邮编 100088
网　　址	http://www.cuplpress.com（网络实名：中国政法大学出版社）
电　　话	010-58908586（编辑部）58908334（邮购部）
编辑邮箱	zhengfadch@126.com
承　　印	北京中科印刷有限公司
开　　本	880mm×1230mm　1/32
印　　张	6.625
字　　数	200 千字
版　　次	2020 年 12 月第 1 版
印　　次	2020 年 12 月第 1 次印刷
定　　价	49.00 元

前言 PREFACE

经过长期努力,中国特色社会主义进入了新时代,这是我国发展新的历史方位。这个新时代是承前启后、继往开来、在新的历史条件下继续夺取中国特色社会主义伟大胜利的时代,是决胜全面建成小康社会、进而全面建设社会主义现代化强国的时代,是全国各族人民团结奋斗、不断创造美好生活、逐步实现全体人民共同富裕的时代,是全体中华儿女勠力同心、奋力实现中华民族伟大复兴中国梦的时代,是我国日益走近世界舞台中央、不断为人类作出更大贡献的时代。

进入新时代,我国社会主要矛盾已经转化为人民日益增长的美好生活需要和不平衡不充分的发展之间的矛盾。当前,我国发展不平衡不充分问题在乡村最为突出。农业农村农民问题是关系国计民生的根本性问题。没有农业农村的现代化,就没有国家的现代化。农业强不强、农村美不美、农民富不富,决定着亿万农民的获得感和幸福感,决定着我国全面小康社会的成色和社会主义现代化的质量。如期实现第一个百年奋斗目标并向第二个百年奋斗目标迈进,最艰巨最繁重的任务在农村,最广泛最深厚的基础在农村,最大的潜力和后劲也在农村。实施乡村振兴战略,是解决人民日益增长的美好生活需要和不平衡不充分的发展之间矛盾的必然要求，是实现"两个一百年"奋斗目标的必然要求，是实现全体人民共同富裕的必然要求。

实施乡村振兴战略是党的十九大作出的重大决策部署，是决胜全面建成小康社会、全面建设社会主义现代化国家的重大历史任务，是新时代"三农"工作的总抓手。人是生产力中最活跃的因素，乡村振兴，关键在人。农民是乡村振兴的主体，也是受益者，是乡村振兴的动力来源。因此，培育农民素养是新时代乡村振兴的必然要求。只有把亿万农民的积极性、主动性、创造性调动起来，才能有效推进乡村振兴。

新时代呼唤更多高素养的农民。本书围绕新时代农民素养培育展开内容，共分六章。第一章，提升农民素养：新时代的呼唤。主要阐述中国特色社会主义进入新时代、新时代农民素养的内涵和培育农民素养的现实意义。第二章，新时代农民道德素养。包括农民道德素养的相关概念、提升农民道德素养的现实意义、我国农民道德素养的现状、我国新型农民道德素养缺失的原因分析以及新时代农民道德素养的培育路径。第三章，新时代农民法治素养。分别阐述了农民法治素养的相关概念、乡村振兴视域下农民法治素养提升的必要性、新时代农民法治素养培育的理论基础、我国当前农民法治素养存在的问题及原因分析、我国农村城镇化进程中培育农民法治素养的路径思考等五个方面的内容。第四章，新时代农民科学素养。主要阐述科学素养的内涵、提高新时代农民的科学精神、培育农民科学素养的策略。第五章，新时代农民信息素养。阐述了信息和信息素养的内涵、当前我国农民信息素养存在的主要问题和提升农民信息素养的对策。第六章，新时代农民生态素养。包

前　言

括生态素养相关概念及理论基础、新时代加强农民生态素养培育的必要性及重要意义、新时代农民生态素养的现状、存在的问题及原因分析、新时代加强农民生态文明素养培育的策略措施等内容。

本书肯定存在不足之处，恳请同行批评指正。

姜桂芝　乔宗方

目录 CONTENTS

前　言 ………………………………………………………… 001

第一章　提升农民素养：新时代的呼唤 ……………………… 001
一、中国特色社会主义进入新时代 …………………………… 001
二、新时代农民素养的内涵 …………………………………… 008
三、培育农民素养的现实意义 ………………………………… 013

第二章　新时代农民道德素养 ………………………………… 020
一、农民道德素养的相关概念 ………………………………… 020
二、提升农民道德素养的现实意义 …………………………… 027
三、我国农民道德素养的现状 ………………………………… 029
四、我国新型农民道德素养缺失的原因分析 ………………… 040
五、新时代农民道德素养的培育路径 ………………………… 049

第三章　新时代农民法治素养 ………………………………… 066
一、农民法治素养的相关概念 ………………………………… 067
二、乡村振兴视域下农民法治素养提升的必要性 …………… 074
三、新时代农民法治素养培育的理论基础 …………………… 076
四、我国当前农民法治素养存在的问题及原因分析 ………… 086

五、我国农村城镇化进程中培育农民法治素养的

　　　　路径思考 …………………………………………… 098

第四章　新时代农民科学素养 ……………………………… 122
　　一、科学素养的内涵 …………………………………… 122
　　二、提高新时代农民的科学精神 ……………………… 127
　　三、培育农民科学素养的策略 ………………………… 133

第五章　新时代农民信息素养 ……………………………… 144
　　一、信息和信息素养的内涵 …………………………… 144
　　二、当前我国农民信息素养存在的主要问题 ………… 150
　　三、提升农民信息素养的对策 ………………………… 153

第六章　新时代农民生态素养 ……………………………… 164
　　一、生态素养相关概念及理论基础 …………………… 166
　　二、新时代加强农民生态素养培育的必要性

　　　　及重要意义 ………………………………………… 177
　　三、新时代农民生态素养的现状、存在的问题

　　　　及原因分析 ………………………………………… 184
　　四、新时代加强农民生态文明素养培育的策略措施 …… 191

后　记 ………………………………………………………… 204

提升农民素养:新时代的呼唤

党的十九大报告提出,经过长期努力,中国特色社会主义进入了新时代,这是我国发展的新的历史方位。新时代是奋斗者的时代,新时代是属于每一个人的,当然也包括千千万万农民。在新时代的帷幕拉开之时,每个人都是一束光,只有一束束光簇拥相伴,才能照亮整个新时代的盛世和繁华。

一、中国特色社会主义进入新时代

中国特色社会主义进入新时代,是从党和国家事业发展的全局视野、从改革开放四十多年历程和十八大以来取得的历史性成就和历史性变革的方位上作出的科学判断。它是以马克思主义时代观为理论指导,以党的十八大以来全方位的、开创性的成就和深层次、根本性变革为现实根据,实现了马克思主义同中国实际相结合的历史性飞跃。

(一)中国特色社会主义进入新时代的依据

1. 历史性成就和历史性变革

习近平同志在梳理回顾世界社会主义 500 年风雨历程时强

调,中国特色社会主义不是从天上掉下来的,而是党和人民历尽千辛万苦、付出各种代价取得的根本成就,具有深厚的历史渊源和现实基础。中国特色社会主义进入新时代,是在几代中国共产党人相继建立新中国、开启新时期、跨入新世纪、站上新起点的接续奋斗中实现的。

党的十八大以来,以习近平同志为核心的党中央以巨大的政治勇气和强烈的责任担当,提出了一系列新理念、新思想、新战略,解决了许多长期想解决而没有解决的难题,办成了许多过去想办而没有办成的大事,推动党和国家事业取得了全方位的、开创性的历史性成就,发生了深层次的、根本性的历史性变革。

习近平同志在党的十九大报告中把十八大以来我国取得的重要成就概括为十个方面:经济建设取得重大成就,全面深化改革取得重大突破,民主法治建设迈出重大步伐,思想文化建设取得重大进展,人民生活不断改善,生态文明建设成效显著,强军兴军开创新局面,港澳台工作取得新进展,全方位外交布局深入展开,全面从严治党成效卓著。这些历史性成就是全方位的,涵盖改革、发展、稳定、内政、外交、国防,治党、治国、治军等各个方面。

十八大以来的五年的成就是全方位的、开创性的,变革是深层次的、根本性的。这些历史性变革主要表现在:党的领导得到全面加强,党的领导被忽视、淡化、削弱的状况得到明显改变;坚定不移贯彻新发展理念,发展观念不正确、发展方式粗放的状况得到明显改变;坚定不移全面深化改革,各方面体制、机制弊端阻碍发展活力和社会活力的状况得到明显改变；坚定不移全面推进依法治国，有法不依、执法不严、司法不公问题严重的状况得到明显改变；加强了党对意识形态工作的领导，社会思想舆论环境的混乱状况得到明显改变；坚定不移推进生态文明建设，忽视生态环境保护、生态环境恶化的状况得到明显改变；坚定不移推进国防和军队现代化，人民军队中一度存在的不良政治状况得到明显改变；坚定不移推进中国特色大国外交，我国在国际力量对比中面临的不利状况得到明显改变；坚定不移推进全面从严治党，管党治党宽、松、软状况得到明显改变。

2. 社会主要矛盾的变化

马克思指出：我们判断这样一个变革时代不能以它的意识为根据；相反，这个意识必须从物质生活的矛盾中，从社会生产力和生产关系之间的现存冲突去解释。历史唯物主义认为，社会主要矛盾是时代变革的基本动力和显著标识，构成时代划分的根本尺度。社会主要矛盾不变，则时代不变；社会主要矛盾发生变化，则时代必发生变化。在《德意志意识形态》《共产党宣言》《雇佣劳动与资本》以及《〈政治经济学批判〉导言》中，马克思以社会主要矛盾的演进为标准将人类历史划分为原始社会、奴隶社会、封建社会、资本主义社会、共产主义社会五大社会形态，为人类解放指出了光明前景。

对中国社会主要矛盾的科学判断，是制定党的路线方针政策的基本依据。党对我国社会主要矛盾的认识根据社会发展变化而不断调整和深化。1956年社会主义改造基本完成后，党的八大指出:"我们国内的主要矛盾,已经是人民对于建立先进的工业国的要求同落后的农业国的现实之间的矛盾,已经是人民对于经济文化迅速发展的需要同当前经济文化不能满足人民需要的状况之间的矛盾。"[1]1978年十一届三中全会决定把党和国家的工作重点转移到社会主义现代化建设上来。1981年十一届六中全会通过的《关于建国以来党的若干历史问题的决议》对我国社会主要矛盾作了科学表述:"在社会主义改造基本完成以后,我国所要解决的主要矛盾,是人民日益增长的物质文化需要同落后的社会生产之间的矛盾。"[2]这一判断更加符合中国实际,更加简洁明了。从那时到党的十九大前,我们党一直沿用这个判断和表述。

党的十九大明确指出,我国社会主要矛盾已经转化为人民日益增长的美好生活需要和不平衡、不充分的发展之间的矛盾。主要依据有以下三个方面:第一,经过改革开放四十多年的发展,我国社会生产力水平总体上显著提高,很多方面均已进入世界前列。这说明,我国进入社会主义初级阶段以来的"落后的社会生产"已经发生了新的阶段性变化。第二,人民生活水平显著提高,对美好生活的向往更加强烈,不仅对物质文化生活提出了更高要求,而且在民主、法治、公平、正义、安全、环境等方面的要求日益增长。人民群众对于日益增长的

---

[1] 中共中央文献研究室编:《建国以来重要文献选编》(第9册),中央文献出版社2011年版,第293页。

[2] 中共中央文献研究室编:《三中全会以来重要文献选编》(下),中央文献出版社2011年版,第168页。

"物质文化需要"层次更高、内容范围更广。第三，影响满足人们美好生活需要的因素有很多，但主要是发展的不平衡、不充分问题。发展不平衡，主要指各区域、各领域、各方面发展不平衡，制约了全国发展水平的提升。发展不充分，主要指一些地区、一些领域、一些方面还存在发展不足的问题，发展的任务仍然很重。这些发展不平衡、不充分问题相互掣肘，带来了很多社会矛盾和问题，是当前和今后一段时期内制约我国发展和满足人民日益增长的美好生活需要的主要根源。

我国社会主要矛盾的变化，没有改变我们对我国社会主义所处历史阶段的判断。我国仍处于并将长期处于社会主义初级阶段的基本国情没有变，我国是世界最大发展中国家的国际地位没有变。实现建成富强、民主、文明、和谐、美丽的社会主义现代化强国目标，还有很长的路要走。我们要牢牢把握社会主义初级阶段这个基本国情，牢牢立足于社会主义初级阶段这个最大实际，牢牢坚持党在社会主义初级阶段的基本路线。

（二）中国特色社会主义进入新时代的内涵

中国特色社会主义进入新时代这一重大政治判断有着丰富的内涵。习近平同志在党的十九大报告中从五个方面揭示了中国特色社会主义新时代的科学内涵，全面描绘了新时代中国的美好前景。

第一，这个新时代是承前启后、继往开来，在新的历史条件下继续夺取中国特色社会主义伟大胜利的时代。习近平指出，这个新时代是中国特色社会主义新时代，而不是别的什么新时代。党要在新的历史方位上实现新时代党的历史使命，最根本的就是要高举中国特色社会主义伟大旗帜。

第二，这个新时代是决胜全面建成小康社会，进而全面建设社会主义现代化强国的时代。党的十九大综合分析了国际国内形势和我国的发展条件，提出从2020年到21世纪中叶可以分两个阶段来安排：第一个阶段，从2020年到2035年，在全面建成小康社会的基础上再奋斗15年，基本实现社会主义现代化。第二个阶段，从2035年到21世纪中叶，在基本实现现代化的基础上再奋斗15年，把我国建成富强、民主、文明、和谐、美丽的社会主义现代化强国。

第三，这个新时代是全国各族人民团结奋斗、不断创造美好生活、逐步实现全体人民共同富裕的时代。以人民为中心发展思想，是党的全心全意为人民服务的根本宗旨在新时代的具体体现。新时代不仅要国家富强，而且要人民幸福，在解决人民"从无到有"的需求之后，注重解决"从有到优"的需求，朝着创造美好生活、共同富裕的目标前进。

第四，这个新时代是全体中华儿女勠力同心、奋力实现中华民族伟大复兴中国梦的时代。实现中华民族伟大复兴是近代以来中华民族最伟大的梦想，也是近代以来全体中华儿女的共同愿望。经过党的十八大以来的历史性变革，今天，我们比历史上的任何时期都更加接近、更有信心和能力实现中华民族伟大复兴的目标。随着中国特色社会主义进入新时代，实现中华民族伟大复兴将进入到一个新的阶段。

第五，这个新时代是我国日益走近世界舞台中央、不断为人类做出更大贡献的时代。中国梦与世界各国人民祈和平、求发展的梦是相通的,实现中国梦也离不开世界和平发展的国际环境,世界的发展也需要中国。中国将继续发挥负责任大国的作用,为世界的和平与发展不断贡献中国智慧、中国方案、中国力量,推动建设持久和平、普遍安全、共同繁荣、开放包容、清洁美丽的世界。

(三) 中国特色社会主义进入新时代的意义

中国特色社会主义进入新时代,在中华人民共和国发展史上、中华民族发展史上具有重大意义,在世界社会主义发展史上、人类社会发展史上也具有重大意义。习近平在党的十九大报告中用"三个意味着"对中国特色社会主义进入新时代的重大意义进行了集中概括。

第一,从中华民族复兴的历史进程看,中国特色社会主义进入新时代,意味着近代以来久经磨难的中华民族迎来了从站起来、富起来到强起来的伟大飞跃,迎来了实现中华民族伟大复兴的光明前景。新中国的成立使中国人民站起来,改革开放使中国人民逐步富起来,新时代中华民族要实现强起来的宏伟目标。

第二,从科学社会主义发展进程看,中国特色社会主义进入新时代,意味着科学社会主义在 21 世纪的中国焕发出了强大生机活力,在世界上高高举起了中国特色社会主义伟大旗帜。20 世纪末,东欧剧变使世界社会主义运动遭受曲折。中国坚持改革开放和现代化建设,取得了历史性的成就,在沧海横流中显示了中国特色社会主义的勃勃生机。

第三,从人类文明进程看,中国特色社会主义进入新时代,意味着中国特色社会主义道路、理论、制度、文化不断发展,拓展了发展中国家走向现代化的途径,给世界上那些既希望加快发展又希望保持自身独立性的国家和民族提供了全新选择,为解决人类问题贡献了中国智慧和中国方案。当世界上一些国家陷入困难甚至危机时,中国政治稳定、经济发展,独树一帜。中国发展所释放出的强大影响力和示范力,吸引了很多国家的注意。

二、新时代农民素养的内涵

农民问题是"三农"问题的核心,农民素养的高低,在一定程度上影响着农村的发展与进步。在新时代背景下,农民素养越来越受到关注,农民作为农业现代化建设的重要主体,发挥着不可忽视的重要作用。一方面,农民具备较高水平的素养有助于提高农民的就业竞争力,促进农民自身的综合发展。另一方面,高素养的农民有效增加了国家储备人才的数量,从而也促进了国家经济的发展,促进了社会的发展。因此,应重视对当代农民各方面素养的培育,使其不断提高道德素养、法律素养、科学文化素养、信息素养等,从各方面完善自己,实现人生理想与目标,从而推动农业现代化的建设与实现。

(一)素养的内涵

素养是指人在先天生理的基础上后天通过环境"影响和教育训练所获得的、内在的、相对稳定的、长期发挥作用的身心特征及其基本品质结构",实质上是指人们在经常修习和日常生活中所获得的知识的内化和融合,它对一个人的思维方式、处事方式、行为习惯等方面具有重要作用。一个人具备一定的知识并不等于具备相应的素养，只有内化和融合所学的知识，并使之真正对思想意识、思维方式、处事原则、行为习惯等产生影响，才能上升为某种素养。

素养不同于素质。《辞海》对素质一词的定义有以下三个方面：第一，人的生理上生来具有的特点；第二，事物本来具有的性质；第三，完成某种活动所必需的基本条件。素质强调与生俱来的特点和性质，素养则强调后天生活和学习中的修习，以及在修习过程中通过内化和融合形成的涵养特性。从广义上讲，人的素养包括思想政治素养、道德素养、文化素养、业务素养、身心素养等，包含政治、法律、道德和文化各个方面的知识、规范、行为习惯等。素养的习得是后天习得的，是在有力的学习环境中习得的，并不是与生俱来的心理特征。素养的习得是人在家庭、学校、社会、职业、经济、政治和文化等综合环境的影响下，一生中持续不断学习的过程。

素养从本质上说是一种学习成果，但又与学习成果不同，学习成果是人们参与一定的教育实践后产生的具体、直接的知识、技能和能力，但"素养"不仅指向学到了什么，还指向期望人们展现的是什么。学习成果倾向于关注知识本身，而素养则更关注对知识的应用。

公民的素养主要指与现代社会发展和现代文明建设相适应的人的内在素养，是人们在文化知识、政治思想、道德品质、科学技术、礼仪举止、法律观念、经营能力等方面所达到的认识社会、推动社会文明进步的能力和水平。它是综合反映一个国家国民素养和"软实力"的最重要的因素。当前,我们在向社会主义现代化迈进的历史进程中,必须全面推进经济建设、政治建设、文化建设、社会建设和生态文明建设。公民素养也就是推动这相互关联的五大建设所必需的人的品行、素养和能力,具体包括人的观念、思想、道德、文化、知识、智慧、技能等要素。一个社会能否实现和谐繁荣,一个国家能否实现健康稳定、长治久安,不仅取决于其制度的正义性,更取决于其公民的综合素养与态度。良好的公民素养不仅可以增强社会价值认同和凝聚力,为国家、社会的发展提供强大的精神动力,还可以关注与修复人与社会道德的缺失,提高社会发展的民主文明程度,实现人与人、人与社会、人与自然的和谐、可持续发展。

(二) 农民素养的主要内容

新时代农民素养,就是指在推进农村经济建设、政治建设、文化建设、社会建设和生态文明建设过程中农民所必须具备的品行、能力和素养。培育新时代农民素养最重要的就是要不断提高农民的文明素养,形成与农业和农村现代化建设相适应的先进的观念、思想、道德、文化、知识、智慧、技能等,提升农民建设新农村的能力和水平。

从新农村建设所涵盖的经济建设、政治建设、文化建设、社会建设和生态文明建设的具体需要来看,新时代农民素养主要包括以下内容:

1. 农民思想道德素养

思想道德素养是一个人思想素养和道德素养的融合和统

一，是思想和道德的外在表现，也是一个人在社会中的行为规范的标准。思想素养和道德素养二者相互制约、相互促进，共同构成人的思想和灵魂。一个人的思想素养由其在社会生活中形成的人生观、价值观、世界观和社会观共同组成。道德素养是个人在道德上的自我锻炼，以及由此达到的较高的道德水平和道德境界，是人们道德思想认识和道德行为的综合反映。思想道德素养在农民的综合素养中处于核心地位。思想道德素养与科学文化素养共同构成新时代农民最基本的素养。

2. 农民法治素养

所谓法治素养，是指一个人认识和运用法律的能力。一是指法律知识，即知道法律相关的规定；二是法律意识、法律观念，即对法律尊崇、敬畏，有守法意识，遇事首先想到法律，能履行法律的判决；三是用法能力，即个人将法律知识与法律意识内化后运用在生活实践中的行为体现。一个人的法治素养如何，是通过其掌握、运用法律知识的技能及其法律意识表现出来的。

3. 农民科学素养

国际上普遍将公民科学素养概括为三个组成部分，即对于科学知识达到基本的了解程度；对于科学的研究过程和方法达到基本的了解程度；对于科学技术对社会和个人所产生的影响达到基本的了解程度。只有在上述三个方面都达到要求者才算是具备基本科学素养的公众。目前，各国在测度本国公众科学素养时普遍采用这个标准，我国也采用这一标准。我们这里所说的农民科学素养是指农民了解必要的科学知识，具备科学精神和科学世界观,以及用科学态度和科学方法判断各种事物的能力。世界科学技术发展史表明,科学素养是公民素养的重要组成部分,公民的科学素养反映了一个国家或地区的"软实力",从根本上制约着自主创新能力的提高和经济、社会的发展。

4. 农民信息素养

信息素养是一种综合能力,它包含人文、技术、经济、法律等诸多因素,和许多学科有着紧密的联系。信息技术支持信息素养,通晓信息技术,强调对技术的理解、认识和使用技能。而信息素养的重点是内容、传播、分析,包括信息检索以及评价,涉及更宽的方面。它是一种了解、搜集、评估和利用信息的知识结构,既需要通过熟练的信息技术,也需要通过完善的调查方法,通过鉴别和推理来完成。信息素养是一种信息能力,信息技术是它的工具。信息素养包含技术和人文两个层面的意义:从技术层面来讲,信息素养反映的是人们利用信息的意识和能力;从人文层面来讲,信息素养也反映了人们面对信息的心理状态,或者说面对信息的修养。

5. 农民生态文明素养

生态文明素养是"生态文明"与"素养"的有机结合,生态文明素养是指对以人与自然、人与人、人与社会和谐共生、良性循环、全面发展、持续繁荣为基本宗旨的文化伦理形态所保持的敬畏之心和平素养成的良好习惯。生态文明素养是一个综合性指标,有的学者将其描述为"了解生态系统中的环环相扣、物物相联,产生积极关心的态度,然后以行动在生活中表现出来,成为生态文明素养的三部曲"。[1]

三、培育农民素养的现实意义

(一)培育农民素养是新时代乡村振兴的必然要求

实施乡村振兴战略是党的十九大作出的重大决策部署,是决胜全面建成小康社会、全面建设社会主义现代化国家的重大历史任务,是新时代"三农"工作的总抓手。人是生产力中最活跃的因素,乡村振兴,关键在人。农民是乡村振兴的主体,也是受益者,是乡村振兴的动力来源。因此,培育农民素养是新时代乡村振兴的必然要求。只有把亿万农民的积极性、主动性、创造性调动起来,才能有效地推进乡村振兴。

1. 新时代实施乡村振兴战略的意义

农业、农村、农民问题是关系国计民生的根本性问题。没有农业、农村的现代化,就没有国家的现代化。农业强不强、农村美不美、农民富不富,决定着亿万农民的获得感和幸福感,决定着我国全面小康社会的成色和社会主义现代化的质量。如期实现第一个百年奋斗目标并向第二个百年奋斗目标迈进,最艰巨、最繁重的任务在农村,最广泛、最深厚的基础在农村,最大的潜力和后劲也在农村。实施乡村振兴战略,是解决人民日益增长的美好生活需要和不平衡、不充分的发展之间矛盾的必然要求,是实现"两个一百年"奋斗目标的必然要求,是实现全体人民共同富裕的必然要求。

---

[1] 王辉:"环境素养与生态素养",载《科学时代》1997年第1期。

党的十八大以来,在以习近平同志为核心的党中央的坚强领导下,我们坚持把解决好"三农"问题作为全党工作的重中之重,持续加大强农、惠农、富农政策力度,扎实推进农业现代化和新农村建设,全面深化农村改革,农业、农村发展取得了历史性成就,为党和国家事业全面开创新局面提供了重要支撑。十八大以来,粮食生产能力跨上新台阶,农业供给侧结构性改革迈出新步伐,农民收入持续增长,农村民生全面改善,脱贫攻坚战取得决定性进展,农村生态文明建设显著加强,农民获得感显著提升,农村社会稳定、和谐。农业、农村发展取得的重大成就和"三农"工作积累的丰富经验为实施乡村振兴战略奠定了良好基础。

当前,我国发展不平衡、不充分问题在乡村最为突出,主要表现在:农产品阶段性供过于求和供给不足并存,农业供给质量亟待提高;农民适应生产力发展和市场竞争的能力不足,新型职业农民队伍建设亟须加强;农村基础设施和民生领域欠账较多,农村环境和生态问题比较突出,乡村发展整体水平亟待提升;国家支农体系相对薄弱,农村金融改革任务繁重,城乡之间要素合理流动机制亟待健全;农村基层党建存在薄弱环节,乡村治理体系和治理能力亟待强化。实施乡村振兴战略是解决人民日益增长的美好生活需要和不平衡、不充分的发展之间矛盾的必然要求,是实现"两个一百年"奋斗目标的必然要求,是实现全体人民共同富裕的必然要求。

在中国特色社会主义新时代,乡村是一个可以大有作为的广阔天地,迎来了难得的发展机遇。我们有党的领导的政治优势,有社会主义的制度优势,有亿万农民的创造精神,有强大的经济实力支撑,有历史悠久的农耕文明,有旺盛的市场需求,完全有条件、有能力实施乡村振兴战略。必须立足国情农情,顺势而为,切实增强责任感、使命感、紧迫感,举全党、全国、全社会之力,以更大的决心、更明确的目标、更有力的举措,推动农业全面升级、农村全面进步、农民全面发展,谱写新时代乡村全面振兴新篇章。

2. 实施乡村振兴战略的总体要求

习近平总书记在十九大报告中指出:农业、农村、农民问题是关系国计民生的根本性问题,必须始终把解决好"三农"问题作为全党工作的重中之重。要坚持农业、农村优先发展,按照产业兴旺、生态宜居、乡风文明、治理有效、生活富裕的总要求,建立健全城乡融合发展体制机制和政策体系,加快推进农业、农村现代化。

乡村振兴,产业兴旺是重点。一个地区的乡村振兴,必须要有产业支撑。产业是乡村振兴战略的核心,也是逐步实现农民就地城镇化、就近就业化的核心因素。

产业是经济社会发展的基础,也是乡村振兴战略的基础。必须坚持质量兴农、绿色兴农,以农业供给侧结构性改革为主线,加快构建现代农业产业体系、生产体系、经营体系,提高农业创新力、竞争力和全要素生产率,加快实现由农业大国向农业强国转变。

乡村振兴,生态宜居是关键。将新农村建设总要求中的"村容整洁"替换为实施乡村振兴战略总要求中的"生态宜居"是农村生态和人居环境质量的新提升,更加突出了重视生态文明和人民日益增长的美好生活需要。党的十九大报告指出:建设生态文明是中华民族永续发展的千年大计。既强调人与自然和谐、共处、共生,要"望得见山,看得到水,记得住乡愁",也是"绿水青山就是金山银山"理念在乡村建设中的具体体现。

乡村振兴,乡风文明是保障。乡风文明既是乡村振兴战略的重要内容,更是加强农村文化建设的重要举措。实施乡村振兴战略,实质上是在推进融生产、生活、生态、文化等多要素于一体的系统工程。文化是农村几千年发展历史的沉淀,是农村人与物两大载体的外在体现,也是乡村振兴战略的灵魂所在。因此,在实施乡村振兴战略的过程中应转变过去"重经济、轻生态、轻文化"的发展理念。

乡村振兴,治理有效是基础。党的十九大报告指出:加强农村基层基础工作,健全自治、法治、德治相结合的乡村治理体系。培养造就一支懂农业、爱农村、爱农民的"三农"工作队伍。从原来的管理民主提升到治理有效,在实现从管理向治理转变的同时,也更加注重治理效率。自治、法治、德治相结合的乡村治理体系,为破解乡村治理困境指明了方向,充分体现了系统治理、依法治理和综合治理的理念。

乡村振兴,生活富裕是根本。将"生活富裕"放在实施乡村振兴战略总要求的最后,体现了乡村振兴战略的根本目的。将新农村建设总要求中的"生活宽裕"置换为实施乡村振兴战略总要求中的"生活富裕",在目标导向上显然要求更高,这与我国当前正处于"决胜全面建成小康社会、进而全面建设社会主义现代化强国"的新时代密切相关。进入新时代，我国社会主要矛盾已经转化为人民日益增长的美好生活需要和不平衡、不充分的发展之间的矛盾。与之前相比，当前我国城乡居民收入和消费水平明显提高，对美好生活的需要内涵更丰富、层次更高，因此仅用"生活宽裕"难以涵盖新时代农民日益增长的美好生活需要。

（二）培育农民素养是发展现代农业的需要

发展现代农业是社会主义新农村建设的首要任务。现代农业的核心是科学化，现代农业依靠的是科学技术的进步，科学技术的进步有效地促进了农业生产能力和生产效率的快速提高，以及农村经济水平的大幅度提升。现代农业的目标是产业化，农业生产链向产前、产后延伸，这样就形成了比较好的整体式的产业链条，从而打破了传统的生产模式，走上了生产集约化、专业化、产业化、科学化的轨道。因此，需要具有科学的管理理念、采用先进的管理技术和经营方式来组织生产。

我国正处在从传统农业向现代农业转变的重要时期，科学技术正在不断地被应用于农业生产之中，科技成果的转化最终需要通过农民的吸收消化才能更好地被运用于生产建设之中，从而有效地推进机械化、信息化、农业生产能力水平等方面的快速提升。因此，必然需要具备较高的科技素质、掌握大量的科技知识和技能的新型农民；需要培养一大批适应现代化农业生产的新型农民，进而提高我国农业以及农产品的国际竞争力。因而，发展现代农业需要较高素养的农民。只有不断培育一批又一批高素养的农民,把农村巨大的人力资源转化为人力资本优势,才能为新农村建设注入内在、持久的动力。

(三)培育农民素养是实现农村工业化、城镇化和产业化的需要

改变农村经济发展滞后的状况,统筹城乡经济社会发展,推进农村工业化、城镇化、农业产业化,建设社会主义新农村,是由传统农业经济向现代农业经济转变、由传统的乡村社会向现代的城市社会转变、由传统农业向现代农业转变的必然要求。随着现代农业的发展,农业生产效率的大幅度提高必将解放出大量的劳动力,而农村剩余劳动力则需要向非农产业转移,向第二、三产业转移。同时,新农村的建设为第二、三产业的发展创造了良好的机遇,为农村剩余劳动力的转移创造了就业机会,拓宽了农民就业的空间。城乡经济社会发展的需要对农村劳动力的素养提出了更高的、新的要求。因此,提高农民素养是有效实施农村人力资源开发、将农村压力转变为巨大的人力资源优势、实现农村人力资源的优化配置、推进城乡经济社会的协调发展的重要举措。

(四)培育农民素养是促进农民增收的重要途径

2018年6月,习近平总书记在山东考察时指出:农业农村工作,说一千、道一万,增加农民收入是关键。农民增收是农村经济发展的基础,是社会主义新农村建设的一项重要任务。农业综合生产能力大幅度提升,农业生产质量化、规模化、科学化,提高了生产效率,推进了农村工业化和城镇化的建设,促进了农村剩余劳动力的转移,从而给农民提供了更多的就业机会,同时也拓宽了农民的增收渠道。是否能较好地掌握科技

知识和技能且运用于生产之中，使之转化为现实生产力，与农民素养的高低具有直接关系。其掌握和运用科技能力的强弱，直接影响着经济的发展和自身收入的水平。素养较高、具备职业技能的农民具有顺利转岗就业的优势，在转岗就业中比较容易实现从事具有较高层次且收入较高的工作。促进农民增收是一个根本的问题。因此，必须通过提高农民素养，增强他们创业和就业的能力，这是有效促进农民增收致富的重要途径。

第二章
新时代农民道德素养

早在十六届五中全会上,党就第一次提出在具有优秀品德的传统农民的基础上培养"有文化、懂技术、会经营的新型农民"。当前,新型农民成了我国新农村建设的主体力量。"新型农民"理所应当要有"新道德"与之匹配,而"新道德"的形成又有赖于对新型农民道德建设的探索、加强和改进。当下,中国社会的改革早已深入到社会的各个领域,受市场经济的影响,道德领域也正面临着严峻挑战。在新的道德秩序尚未完全建立之前,新旧道德观念在整合时交织不清,一些道德标准开始模糊不清,极易产生道德的混乱。尤其是在经济、文化、道德各方面都欠发达的农村地区,农民的道德困境更让人担忧。正是在这一背景下,为促进农村经济发展,培育合格的建设主体,提升农民道德素养、提升农村道德水平势在必行。

一、农民道德素养的相关概念

自改革开放以来,随着我国从农业社会向工业化社会、信息化社会过渡,农民也需要从传统农民向现代农民转型。这不

第二章　新时代农民道德素养

但要求他们在技能上有所进步，而且也要求其在思想道德素养上有相应的提升。

（一）传统农民的内涵

角度不同，对农民的定义也有所不同。从居住地来看，农民指的是与"城里人"相对应的"乡下人"群体，是由居住地（农村）所限定的一类群体，泛指农村总人口。从职业的角度来分析，农民也是社会分工中的一种，即从事农业及相关生产的劳动者。也有学者认为，农民的文化是传统文化的一部分，因此从文化群体角度来说，我们可以将农民界定为传承传统文化的载体，它既保留着传统精粹，又有封建糟粕遗留其中。[1]

早在距今一万多年前的新石器时代就已出现的中国原始农业孕育了中国最早的农民。在传统社会中从事传统农业的农民一般被称为传统农民。在中国，一提到传统农民，我们总会想到封建权贵奴役下生活在社会最底层、贫困潦倒的劳苦大众。这是因为封建社会是中国最典型的传统社会，不仅历史最久，而且在封建社会中，家庭农业和家庭手工业结合得最紧密、最完整，小农经济在此时发展到鼎盛时期。与此同时，封建社会下的传统农民形成了与小农经济相适应的行为方式和思想观念，日积月累、代代相传、根深蒂固。时至今日，中国现代农民仍然传承着这些优良品质。他们疾恶如仇、感恩图报、勤俭节约、自强不息，常年脚蒸寒暑气，背灼炎天光，却没任何怨言。受农村地形限制，农民多数居住分散，再加上交通闭塞，

---

[1] [美] 克利福德·吉尔兹：《地方性知识——阐释人类学论文集》，王海龙、张家瑄译，中央编译出版社2004年版，第68~77页。

传统农民习惯了不依靠与外界发生交换,而是完全依靠自己的双手来解决生产生活的需要。居住的封闭限制了经济的交往,也导致了农民们思想的禁锢。社会意识受制于社会物质生活条件,道德尤其如此。恩格斯也说过:"一切以往的道德归根到底是当时经济状况的产物。"[1]受艰苦环境影响,中国传统农民往往思想保守、不敢冒险、安贫乐道、认为富贵在天,这种小农意识深入骨血,代代相传,影响至今,使得他们在当今开放、竞争的市场经济中手足无措。由于他们不懂得如何规避风险,又害怕竞争,常常是乘兴而来,败兴而归;经济受创也使得他们更不敢接受新生事物;受安全第一的保守意识影响,往往视眼前利益高于一切,这就很难具备现代经济发展所要求的开阔的视野和长远的目光。

(二) 新型农民的内涵

当前,我国农业现代化能实现与否、新农村建设顺利与否,除了受制于经济水平,还受限于建设主体的各方面发展。作为上层建筑的道德能渗透到生产、生活的方方面面,对经济的发展起到重大的推动作用。正因如此,推动传统农民向"有文化、懂技术、会经营"的新型农民转变,提高这一群体的道德素养,现实意义非同一般。"有文化"是指农民至少要接受过九年义务教育,储备有一定的文化知识,具备一定的文字表达能力;"懂技术"是指农民个体需要掌握一项到多项生产技能,愿意接受职业技术培训,勇于尝试新科技;"会经营"是

---

[1] 《马克思恩格斯选集》(第3卷),人民出版社1995年版,第435页。

第二章　新时代农民道德素养

指农民个体能够合理地分配手中所掌握的人、财、物等资源，因地制宜，组织生产和参与市场管理，适应市场竞争，获得较高的收益。[1]

　　学术研究不同于政策诠释，学术界允许学者们对某一官方定义有不同的看法。综合学者们的观点，新型农民和传统农民并不是对立的，同时它还是一个历史的概念。在市场经济的今天，新型农民既要传承中华美德，又要扬弃不足，同时还要回应时代的诉求，体现时代特征。通过走访、查阅文献并结合实际，笔者认为新型农民主要具备以下特征：①新型农民不再受困于土地和户籍制度的束缚，他们不仅仅从事包括农、林、牧、副、渔在内的广义农业生产等，还包括旅游业、农副产品加工业等现代专业化、规模化的农业生产。现代新型农民不仅是身份的体现，更多的是一种职业的象征。②新型农民具有较高的农业技术水平和文化素养，在开放的经济中，能以市场为导向，善于运用现代化的生产和管理技术从事农业生产。③新型农民在生产经营中突破了小农意识的局限，不再满足于自给自足，而是以需求为导向，走出家庭、面向市场，积极追求经济利益最大化。④新型农民活跃在开放性、合作性的市场经济中，受其熏陶，能依法理性诉求，理解并树立合作共赢意识。

　　本书所指的新型农民并不是当前农村的新增人口而是通过培训、教育传统农民，将其发展为符合当前现代农业发展要求的行为主体——新型农民，以农村中青力量为主，也包括农村

---

[1] 房彬："'新型农民'概念界说"，载《调研世界》2009年第10期。

的老人和儿童。新型农民的载体没有发生变化，只是载体的内涵有了质的提升。目前，我国农民中的优秀分子都属于新型农民，还有部分农民因这样或那样的不足而还需教育、培训才能转型为现代新型农民。新型农民和传统农民之间的本质区别在于：是否具有现代农业科技和现代农村文化与合作共赢、共建共赢的道德素养。当前，对我国新型农民的培养是一个巨大、系统、全面的工作，虽然在现阶段取得了很大成就，但存在的问题也不容忽视，本章将就当前新型农民的道德素养问题展开研究。

（三）道德素养及其构成要素

道德是用来处理人与人之间、人与社会之间利益关系的一种行为规范。一般来说，道德常以善恶为标准，以赏罚为机制，借社会舆论、风俗习惯、个人信念来约束个体的行为，扬善惩恶。素养是指一个人的修养，与素质近义。从广义上讲，包括思想道德品质、身体心理状况、外表形象、知识水平与能力等各个方面。素质教育离不开道德教育，道德教育不仅是素质教育中的首要内容，而且还为培养综合素质人才承担重要责任，为全面提升人的素质而努力。

道德素养即个体道德认知和道德实践水平在社会公共领域、生产活动、家庭生活、个人成长中的综合反映。从广义上讲，道德素养中又含有思想素质，是人在特定的社会环境和教育环境下形成的，个体对世界认知和实践产生的较为固定的思想和观点的综合。笔者对道德也有一种理解，认为道德是在特定的环境和教育水平之下，个人在实践过程中体现出的在社会公德、职业道德、家庭美德、个人品德等方面的较为稳定、成熟的品质。笔者将从这四个领域定义新型农民道德标准。

(四) 我国新型农民应具备现代的社会公德、职业道德、家庭美德、个人品德

一直以来,我国农村人口数目庞大,占据总人口的70%以上。由此可见,农民富即国家富,农民强即国家强,农民素质提高即全社会的素质提高。马克思也认为人的全面发展不仅仅是体力和智力的发展,只有思想道德素质、科学文化素质、身体素质等都得到提升,才能真正实现人的全面、充分、自由发展。由此可见,提升新型农民的道德素养既是马克思关于人的全面发展理论的升华,也是时代所需。[1]同时,在新时代要正确处理个人与社会的矛盾,使个人的贡献与社会发展相适应,需要以提高新型农民的社会主义集体主义素养作为保证。鉴于此,我们应以时代主流道德意识"社会主义核心价值观"为引领,从社会公共生活领域、生产领域、家庭生活、个人成长着手,探讨培养新型农民的道德素养。

在时代不断发展的今天,越来越多的农民不再局限于小小的农村社会,开始加入城市生活。随着公共生活范围的不断扩大和人际交往范围的不断扩充,农民也要逐渐适应现代化的生活形式,要做到保护环境、爱护公物、文明礼貌、乐于助人,形成顺应时代发展的社会公德。在农村集体生活中,新型农民更要自觉抵制封建迷信、崇尚科学、诚信待人,主动带头促进

---

[1] 张学亮:"中国农民法律意识现状的成因分析",载《中共山西省委党校学报》2004年第2期。

友好的邻里关系，为建设文明、礼貌的农村社会出一份力。新型农民不仅是一种身份，也是一种职业。因此，新型农民在从事农业生产活动的过程中，同样应该坚守自身的职业道德。市场经济在农村的迅速发展，也使得市场对新型农民的职业观念、职业态度、职业技能、职业纪律和职业作风等职业道德提出了更高的要求。

新型农民要重视对自身职业道德的坚守，抵制弄虚作假、以次充好，坚持诚实守信、爱岗敬业、奉献社会的思想，打破人们对农民的传统认识，树立新型农民崭新的职业道德风貌。家庭美德维系着家庭和睦，推动着社会的和谐进步。市场经济是一把"双刃剑"，人们在享受前所未有的物质成果时，它的负面影响也侵蚀了人们的精神领域。不论是城市家庭还是农村家庭，家庭美德都或多或少地被淡忘了。尤其是在道德阵地薄弱的农村，在利益的不断冲击下，很多农民都已经不再像过去那样坚守家庭美德，不尊重老人、不赡养老人、父子反目、夫妻关系紧张的现象在一定程度上存在着。俗语说，"家和万事兴"，儒家也把"修身、齐家"视为"治国、平天下"的基础。就新型农民而言，培养婚姻自主、男女平等、尊老爱幼、夫妻和睦、勤俭持家、邻里团结的具有中国特色的农村家庭美德体系已迫在眉睫。家庭美德的树立，不仅能帮助农民妥善地处理家庭矛盾，促进家庭成员和谐友善相处，同时还能帮助其与邻居和睦相处，不会出现攀比、乱摆排场等不和谐现象，新型农民的生活幸福指数也会大幅提升，个人内在的道德素养也会相应提高。

小农意识是指传统农民在自然经济基础下,在以家族血缘为本位的环境中形成的认知心理、宗教意识、价值观念、思维方式的总和。小农意识在一定的范围内促进了传统农业社会经济的发展,但它也有自身的局限性。受其影响,传统农民们往往崇拜自然,畏惧祖宗传统权威、个人权威,在同权势打交道时,拘束卑微,忍气吞声,在与比自己地位低下的人打交道时,又呈现高傲自大的一面。而且,传统的"等、靠、要"思想往往又使农民将自己的命运托付于他人,自身缺乏主体积极性。新型农民要用自由、平等、法制、科学、独立等意识来武装自己,从官本位意识、封建鬼神迷信中解放出来。面对权势,勇敢地拿起法律的武器,维护自身的权利。新型农民要打破小农道德观,培养现代个人品德,增强自尊、自信,形成开放、宽容的品格,逐渐向现代公民转变。

二、提升农民道德素养的现实意义

解决现代农民道德素养存在的问题,对于现代农村发展乃至整个社会的安定与发展都有着极为重要的意义。

第一,有助于我国农村经济的更快一步发展。改革开放后,市场经济在我国农村地区也开始生根发芽,时至今日,成绩显著,农村的物质生活水平大幅提高。但同时也应该看到,市场经济并不是无所不能的。由于我国农业人口过多、经济基础薄弱,现有的成绩还达不到实现农业现代化、产业化的要求。根据智研咨询网发布的《2017-2030中国共享经济市场分析调研及发展趋势报告》,2017年我国农村人口占比48%,有

57 661万人。[1]从此可以看出，即使我国人口城镇化有了飞速发展，但由于农村人口基数过大，农民、农村、农业的发展依然制约着整个社会的全面发展，而农村的发展又与农村的建设主体的道德状况休戚相关。作为上层建筑的道德能渗透到生产、生活的方方面面，对经济的发展具有重大的推动作用。当前，我国农民的整体道德素养相对还不高，达不到新农村经济建设要求的高度。因此，加强现代农民道德建设，提升农民道德素质，为农村经济发展提供巨大精神动力就显得尤为重要。

第二，有利于农村秩序稳定、社会和谐。当前，我国农村经济发展迅猛，农民的物质生活大幅提高，但其精神生活却没有紧随其上。市场经济趋利性诱发部分农民丢弃了传统美德，在生产生活中唯利是图、视金钱至上、攀比成风、职业诚信度低、邻里关系冷漠等。各级党政部门虽然也给予了高度重视，但力度不够，加上落实难以到位，农村道德建设面临重重困境。农民道德水平的薄弱给社会主义新农村建设造成了极为不利的影响。因此，改变现代农民残存的封建旧观念，优化市场经济道德，培养符合新型农民标准的道德建构，净化农村社会道德风气，为农村社会和谐、秩序稳定，为"三农"问题的顺利解决营造良好的道德氛围，现实意义非同一般。

第三，有利于农民向现代农业转型。传统农业向现代农业转型，势必也会推动传统农民向新型农民转型。当前，我国农民的思想道德素质和科学文化素质整体偏低，使得传统农民向

---

[1] "国家统计局"，载智研咨询网：http://www.zhyxx.com。

新型农民的过渡存在极大的困难。农村各项建设离不开其建设主体的参与和付出，建设主体的水平制约着建设成效。所以，对农民道德问题的深入研究，可以从整体上提高农民的文化水平与自身修养，激发农民的创造热情，为国家培育合格的新型农民，为传统农业向现代农业的转变输送更多优质劳动力，在当代农业、农村的发展方面发挥功效。

第四，有利于真正贯彻与落实社会主义核心价值观和促进全社会精神文明建设。随着农业市场化的发展，很多农民从家庭走向市场。不管是务农还是经商，农民们面临的环境都更加复杂。社会环境的变化必然导致道德观念或多或少地发生改变。在传统道德和市场经济道德的激烈碰撞中，一方面使得农民接触到平等、自由、民主、法制等意识；但同时一部分意志薄弱的农民的人生观、价值观也出现了异化，滋生了利己主义、拜金主义等不良风气。农民道德意识模糊成了农村社会形成淳朴风尚、农村精神文明建设进一步发展的掣肘。时代不同，道德建设的要求也不同。新时期的道德建设须以社会主义核心价值观为引领，体现时代诉求、彰显时代精神，以此促进全社会精神文明建设。

三、我国农民道德素养的现状

新时代农民的道德素养建设是指为实现新农村建设，全面实现小康社会的宏伟目标，通过对农民进行崇尚科学、打破封建迷信、移风易俗、破除陈规陋习等政策宣传和教育，重塑其符合时代要求发展的道德认知和道德实践。

（一）当前我国农民道德素养建设所取得的成就

当前，我国农村地区基本上完成了从传统农村家族伦理道德向现代公共逻辑道德的过渡，新型农民的道德建设取得了历史性的飞跃和进步。大部分农民都能在生产生活中自觉践行核心价值观，促进了农村地区现代文明良好风尚的形成。在社会公共生活领域，新型农民比传统农民更注重个体行为对公众的影响，随地吐痰、乱扔垃圾、大声喧哗、抢道占座已日式渐微。在农村生产活动领域，绿色生产、节能减排等观念已深入民心。人际交往关系呈现理性化特点。在农村宗法人情的"熟人社会"中，部分农民会要求对方"借钱要打借条"。不管是单身青年农民还是丧偶或者离异的老年农民，他们的婚恋观都在变化。婚姻状况在嬗变中进步，计划生育深入人心，少生、优生被普遍接受。

（二）当前我国农民道德素养的缺失

当下中国社会的改革早已深入到社会的各个领域，受市场经济的影响，道德领域也正面临着严峻挑战。在新的道德秩序尚未完全建立之前，新旧道德观念整合时交织不清，一些道德标准开始模糊不清，极易产生道德的混乱。在党和政府政策的关怀和指引下，我国传统农民在向现代农民转型的过程中，农民道德水平整体态势上涨，大部分农民都能在生产生活中自觉践行核心价值观，促进了农村地区现代文明良好风尚的形成。但是，也有一部分农民的道德认知受到了市场经济等各方面的有力撞击，滋生了一些新的问题。

1. 社会主义理想信念淡薄

新中国成立初期的人民公社兼具政治、经济、社会、文化、军事等综合功能。它是特殊时代的政治产物，在一定程度上稳定了国家的政权，促进了经济的发展。这种政社合一的体制也形成了同质化运行的制度环境，国家垄断着道德标准的制定、道德观念的宣传以及道德惩罚措施的实施，以机械的形式把全国人民团结在一起。再加上刚翻身解放的中国人民对新中国有着高度的情感认同，这使得所有人（包括农民）的社会主义信仰、集体理想观念都达到了空前的统一。

改革开放后，农村地区开始推行家庭联产承包责任制，这不仅激发了农民自主生产的积极性，也提高了农民的生产经验能力水平，农民的物质生活得到很大改善，这些为提升农民道德素养奠定了坚实的物质基础。但是，随着"包产到户"政策的实施，农民与集体组织之间的人身依附关系不再紧密，捆绑利益关系逐渐减弱，集体的凝聚力下降。这在无形中消解了农民的集体主义意识，农民整体的集体感下降，社会责任感和义务感也有所缺失。反之，受市场经济体制的影响，农民家庭本位、个人本位思想凸显，部分农民关注自我利益，追求利益最大化，由此滋生了各种消极思想，如个人主义、金钱至上，现代农民的道德标准开始模糊。许多农民开始自觉或不自觉地违背"克己奉公""无私奉献""全心全意为人民服务"的集体主义观念。部分农民会因为个人利益而损害集体利益，甚至损害国家利益。譬如偷税、漏税、逃税、抗税，侵害集体利益以获取个人利益。一些集体主义意识薄弱的农民不再关心集体，对社会公益事业漠不关心，个别极端主义者甚至会把实用主义的观点付诸实践。

在新农村建设过程中，在碰到政府要开发征地、修建道路时，好多农民借机扩建住宅，或督促儿子早早结婚，增添人口，分得更多的利益。在一些农村地区，有些农民钻扶贫政策漏洞，把自己包装成贫困家庭，套取国家扶助资金，而真正应该受益群体却没有得到应有的资助。现代农民对集体的认识出现了偏差，个人主义色彩强烈，亟须国家对其进行社会主义集体信念的引导和教育。

2. 公德意识不足

社会主义新农村建设一直坚定不移地遵守"生产发展、生活宽裕、乡风文明、村容整洁、管理民主"的时代要求。正是在这一背景下，其建设主体——新型农民——有着建设新农村的时代任务："农村城镇化、生产现代化、生活生态化、农民市民化。"村容整洁、生活生态化就是要求新型农民正确处理好自身与环境的关系。富裕起来的农民必须要具备生态环保意识，生活消费要追求舒适健康、适度节制、低碳环保。当前，我国农村地区面貌焕然一新，住房排列得整整齐齐，过去的泥土路不复存在，取而代之的是国家出资修建的"村村通"水泥路，一改过去下雨天出不了门的困境。但是，农村存在的环境建设问题也不容忽视。

公共卫生还有待加强。有些农民环保道德意识薄弱，还无法将其实践为自觉的文明行为。部分地区的公共环卫设施使用率不高，农民虽接受了垃圾入桶、分类投放，但有些农民并没有把这种行为内化为习惯，反倒是知而不行地随地吐痰、随地乱丢垃圾。由于种种原因，有些固定垃圾回收点没有得到及时的清理运输，往往导致垃圾堆积如山、臭味熏天。农村排水、排污管道尚未建设或完善，雨水、生活污水随意排放，既有碍美观，又存在卫生安全隐患。农村公共环境依然存在"脏、乱、差"等问题。

农村生产生活中破坏环境的行为大量存在。在依然采用原始耕种方式的农村地区，有的农民在春秋季直接焚烧田间的农作物秸秆，燃烧的烟雾颗粒不仅污染环境形成雾霾，也影响着村民的身体健康。由于欠缺农业科普知识，一些农民并不知道秸秆可以被处理加工为清洁能源，可以用来做饭、取暖，这样既可以美化环境，又有经济价值。在有些牧区，牧民忽视了草地的承载能力，过度放牧，致使草原荒漠化甚至沙漠化。另外，一些农民为了提高农产品产量，高剂量使用农药、化肥，有时还会使用一些剧毒的杀虫剂、除草剂，结果影响了土地的自净能力，土地变硬，土壤营养元素流失，有可能导致家园变"荒园"。因此，进一步提升新型农民的生态道德素养，走农业可持续发展道路迫在眉睫。

3. 职业道德感不强

改革开放前，农村以考学、当兵、招工为主，单向度向上流动。进入现代社会以来，庞大的农村人口开始向城市流动，形成了中国社会特有的农民工潮流。同时，农业机械化又把大量的农民从传统农业中解放出来，促使他们有更多的时间从事商业、服务业等第二、三产业。随着农民生产生活范围的拓展，农民的道德活动领域也进一步扩展，由此便产生了农民职业道德要求。恩格斯也说过："在实际当中，每一个阶段，甚至每一个行业，都各有各的道德。"[1]比如，在生产加工活动中，部分农民明知道某些转基因技术、香精色素、催熟剂的大量使用会带来食品安全问题，但是在物质利益的驱使下，加上道德底线的缺失，还是会有不法农民不惜损害他人的健康和安全，在市场上贩卖催熟、上色农产品以赚取不义之财。在农产品流通环节中缺斤短两、以次充好、哄抬价格的现象也大量存在。还有一些农民急于改变生活境况，铤而走险去做违法的事情。《2015年中国毒品形势报告》[2]显示，贩毒主体以青少年和农民为主，其中农民和无职业人员15.3万名，占被抓获的毒品犯罪嫌疑人员总数的78.9%。一些农村女性为改善家庭贫穷状态，选择从事色情行业，由于她们在家庭中的特殊贡献，这种以前被嗤之以鼻的"事业"现如今却得到了不同程度的认可。"天下熙熙，皆为利来；天下攘攘，皆为利往。"利益虽是人生存和生活的动力所在，但人的社会性才是人之所以会被称为人的根本特性，从业过度趋利严重损害了新型农民的职业道德素养。

4. 家庭美德水准降低

俗语说："家和万事兴。"党早在十四届六中全会就提出了建设"尊老爱幼，男女平等，夫妻和睦，勤俭节约，邻里团

---

[1]《马克思恩格斯选集》（第1卷），人民出版社1995年版，第234页。
[2] 中国青少年研究中心：《中国新生代农民工发展状况和代际对比》，2016年9月。

结"的家庭美德。家庭成员道德素养不仅决定着家庭的和谐发展，而且还会影响下一代的心理健康和道德认知。当前，我国农村"十星级文明户""平安家庭""孝顺儿媳""和谐村组""诚信多镇"越来越多，社会主义荣辱观教育、"爱心献老人、美德进万家"成效明显。但是，也有些农民的慈善观念有所缺失。尊老爱幼是我国长久以来的优良传统，但老年农民由于年老力衰，已不再是组织财富的创造主体，再加上农村的养老制度还没完善到位，在几乎没有收入来源或一些收入不高的家庭，老人成了累赘。儿女之间就赡养老人问题相互推诿，更有甚者会把对生活的怨气撒在父母身上，随意谩骂。有些老年人的自尊受创，含泪服毒自杀。这些都与当前社会提倡的体面养老差之甚远。还有一些家庭，因经济原因，青壮年人员纷纷外出务工，家里就剩下了老人和孙辈，使得老人长期缺乏交流和倾诉的对象，"空巢"老人们情感的缺失不是仅仅通过一次春节团聚所能慰藉的。还有一些家庭过分溺爱子女，一改过去的"家有一老，如有一宝"，变为现在的"家有一子，如有一宝"。另外，受重男轻女传统思想的影响，一些农民重儿子、轻女儿，甚至为了其利益可以让女儿过早退学、嫁人，这在农村也不是什么丑事、怪事。

婚姻自由的观念早就受到现代农民的拥护。对于看重门当户对、身份地位金钱、近亲结婚等现象，大多数农民持正确的批判态度，对于婚前贞洁、因感情不和而离婚也都表示出宽容和接受。但在经济困难或有残疾的农民家庭，有时还存在着买卖婚姻，而且还被认为是无奈之举。从人贩子手中购买来历不明的外地新娘，其中也不乏来自东南亚贫困国家的外籍新娘，这在农村中越来越常见。有时，因语言、文化的差异，双方并不能和睦相处。还有一些"新娘"怀不轨之心，暂居几天便偷偷带着积蓄逃跑，使得本就贫困的男方家庭雪上加霜。在儿女嫁娶时，有些女方家庭索要高额彩礼作为女儿未来生活的保证，这也成了男性农民家庭的负担，有些家庭甚至为此负债累累，婚姻变成了负担。随着经济的发展，越来越多的夫妻因外出务工而分隔两地，因缺少交流，又受赌博、网络、舞厅等诱惑，使交流本不多的夫妻更加形同陌路，夫妻感情岌岌可危。再加上如今社会追求遵从个体感觉，对待婚姻的观念已经发生了变化，合则聚、不合则分，不再要求彼此从一而终，婚姻凝聚力减弱。在农村，家暴、婚内出轨、临时夫妻等现象屡见不鲜，夫妻相敬如宾的观念在农村家庭生活中也受到了挑战。

案例：农村彩礼价格节节攀高：甘肃娶妻60万湖北18金

2017年4月，《经济参考报》记者在湖北、江西、甘肃等地农村调研发现，农村税费改革以来，农民税费负担锐减，各种强农、惠农政策惠及亿万农民。然而，随着农村消费需求的提升，农民在日常生活、教育等方面开支猛增，婚嫁彩礼高企、人情负担沉重，农民消费性的新型负担问题凸显。

部分农村结婚彩礼动辄一二十万元，一些农民不得不举债凑彩礼。在甘肃省庆阳市正宁县西坡镇西坡村，贫困户刘某钗小儿子去年结婚，彩礼花费20万元。这笔彩礼已经超过了省城兰州的水平。刘某钗家庭年收入约1万元，加上结婚等开销,目前欠下外债28万元。"彩礼这么高,等大儿子结婚,我还得继续借,把人愁死了。"刘某钗说。

不少农村婚丧嫁娶大操大办,赶人情成为一些家庭的主要支出。"人情不是债,头顶锅来卖。"湖北省监利县棋盘乡码头村村民何某均说,村里邻居之间随礼要两三百元,远亲至少500元,近亲则要上千元,多的三五千、上万元,即便是贫困户,赶人情一年至少也要上万元。

而村里红白喜事大操大办的风气很盛,家里死个人至少要花五六万元。年前何某均堂哥去世,一场丧事办下来花了18万元,收的礼金则超过20万元。

沉重的社会负担使得一些原本就不富裕的家庭致贫返贫。甘肃省庆阳市宁县中村镇邓家村贫困户邓某科有两个儿子。25岁的小儿子在西安的一家电脑学校学技术,每年要开支1.5万元;为给大儿子娶媳妇,老邓家总共花掉了15万元彩礼钱,至今仍欠下2万元外债,迟迟无法脱贫。

由于城乡教育资源不均衡,不少农民家里盖着楼房,但为了孩子教育却不得不"蜗居"在城里的一间间陪读房内,或进城买房,无形中构成了新的家庭负担。(来源:北晚新视觉网)

新农村内嵌的家庭和谐、邻里和睦的观念是符合民族传统美德的。儒家思想推崇邻里之间要友善和睦:居住在一个地方的人,出去之后要相互帮助,遇到敌人要一致对外,当邻居生病的时候要照顾邻居……邻里关系是中国社会关系网络中的关键环节,是家庭关系的外延,邻居之间是否和谐也间接地影响着家庭关系是否和谐。传诵至今的六尺巷之所以能够为众人所知，就是因为其体现了民族传统美德——宽容忍让、保持邻里关系和谐。农村家庭的住房、田地毗邻相连，农村邻里之间的生活也紧密相连。生产生活中的一些琐碎摩擦，处理不当就会形成大矛盾。受市场经济的影响，现代农民的自主独立性有所增强，再加上现代服务业的完善，人们不似以前那么需要邻里的帮助，邻里之间的关系趋于理性化，人情观念不似以前那么浓厚。农民因宅基地、责任田、灌溉水源等问题争吵、大打出手的现象也时有听闻。由此可见，当代新型农民在婚姻观、赡养义务、邻里关系方面发生了较大的改变，培养新型农民的家庭美德势在必行。

5. 价值取向复杂化

当前，在我国大部分农村地区，儒家思想的精髓在当代农民思想意识中仍占主导地位，几千年来，沉淀在民族道德文化中的"仁""义""礼""智""信""诚实守信""见义勇为""扶贫济弱"等传统价值观在大部分农民的生活中还是有基本的道德约束力的。但是，随着农村经济的发展，过去"穷怕了"的农民过上了富裕的日子，农民们体会到了"有钱"的好处，再加上市场经济的逐利性也诱使一部分农民一切只向钱看。在他们的心目中，钱挣得越多意味着本领越大；反之，美德、奉献却带来不了任何实惠。并且，一旦有了钱，就开始追求物质享乐、攀比消费，开始"享受"生活。这种资产阶级的唯利主义、享乐主义在当今农村已成为普遍现象，并成了部分青年农民的行动指南。他们将道德评判与物质利益相联系，将金钱和华丽的外表视为人生价值观的基础，父辈的奋斗拼搏遭到他们的不屑和嘲笑，勤俭节约被讥笑为不大方、抠门，过渡消费奢侈品的行为被认可、羡慕。同时，腐朽落后的封建糟粕已乘虚而入，有些农民不相信科学，遇事时烧香磕头，求神拜佛，农村中婚丧之事大操大办，锣鼓喧天成为常态。黄、赌、毒等社会恶习也沉渣泛起，严重影响到了农村治安和风气。可见，农村环境的道德标准模糊，引起了当代农民道德观念的混乱，对开展新型农村道德培养构成严重挑战。

6. 精神文化生活贫乏

与以往相比较，目前农村赋闲人员较多，农闲时间大大增加：一是由于生产力的发展，农业机械化生产，解放出来了很多农村劳动力；二是由于征地、人口等原因，使得部分地区人均耕地减少；三是由于一些农民自身能力差，竞争力相对较弱，实现劳动力转移存在一定的难度，只能滞留在家中。现代农民有了比较充裕的闲暇时间，使他们有更多的时间进行娱乐和放松，对精神生活的需求也相应增加。现代社会娱乐工具越来越多，娱乐方式越来越新颖，农民们依靠互联网和手机能够接触到的新鲜事物也越来越多。可是，在现实中，一些大众传媒为了追求经济效益，利用凶杀、赌博、色情、怪异、荒诞、变态的刺激性低俗、庸俗、媚俗产品迎合市场需求。这些内容极不利于现代农民思想道德的健康发展，特别是对青少年儿童的健康成长具有极大的负面影响。同时，一些媒体过度聚焦于娱乐活动与明星真人秀，一些新生代农民津津乐道于物质享乐和追星，无知模仿，极大地张扬消费主义和享乐观念，价值理想目标简单、片面和肤浅,缺乏一种对他人、对社会和对国家的关怀意识。

由于农村文化活动处于一种松散状态,缺乏正确引导,一些腐朽、不健康的思想观念乘虚而入。现代农民物质生活富足,已不再满足于单纯的吃、喝,可是由于居住环境的限制,他们苦于没有更好的途径去满足娱乐需求。这时候他们就会走上偏路,把赌博、酗酒当作日常的娱乐方式,浪费自己辛辛苦苦赚来的钱。在很多农村地区,搓麻将的声音可谓无处不在,马路旁的小店里都是麻将桌。麻将甚至成了一条新的产业链,有人专门提供接送服务和一日三餐。麻将逐渐成为一个人生活的全部、生活的重心,已不仅仅是一种娱乐方式。当他们输得血本无归的时候,便会逃跑躲债,有的甚至会走上违法犯罪的不归路,很多家庭因此解散。这对于农村的家庭美德建设、农村儿童的身心发展都有严重影响。[1]

四、我国新型农民道德素养缺失的原因分析

我国新型农民道德素养的缺失有内外各方面的原因,对这些问题及其原因进行深刻剖析,有助于从根本上解决农村道德困境,提升新型农民道德水平,推进新农村建设顺利进行。

(一)所有制转变的影响

随着农村市场经济的进一步发展,市场经济这把"双刃

---

[1] 中国伦理学会编:《道德与改革》,上海人民出版社1988年版,第68~72页。

剑",在加快发展农村经济的同时,也有力冲击着农村传统的道德体系。

1. 市场经济的负面影响

改革开放后,随着市场经济的深入发展,我国农村地区的生产力得到了极大解放,农民的物质生活水平也大幅提高。社会存在决定社会意识,正因为经济的发展为广大农民的道德发展夯实了坚定的物质基础,我国现代农民的道德素养才有了相对提升。包括外出务工的返乡农民所带回来的城市文明的经营理念和道德理念,大部分现代农民也都表现出拥护和学习,市场经济内嵌的自由、民主、平等法治等观点在实践中也都有所折射。但是,在某种程度上,现代农民的道德认知也受到了一定的冲击。在市场经济大潮中,广大农民各显神通,发家致富,农民的个人意识得到了前所未有的自我肯定。同时,市场经济的自发性使得经济主体处于自我教育和自我控制之中,那么在社会意识领域,个人也就成了道德的自我裁定者,再加上市场经济逐利性的负面影响和同时用来规范市场经济体制的配套道德建设没有及时建立或不健全,追求经济利益最大化原则被不断扩张,有些农民开始滋生拜金主义、极端个人主义、享乐主义。同时,商品经济的繁荣、铺天盖地的广告和花花绿绿的商品刺激着人们的消费欲望。这种消费刺激正在不断地渗透到农村社会的方方面面,这种冲击所带来的观念的不稳定性和难以控制性对提升新型农民的道德素养必有影响。

2. 经济利益多元化

在高度集中的计划经济时期,农民仅能依赖参加集体农业生产获取经济利益,那时,农民的集体主义观念达到一致的统一,"两耳不闻窗外事,一心只种庄稼地",人们之间的利益冲突也极少。但随着农村经济体制的变更,家庭联产承包制的执行,加之其他非公有制经济的迅猛发展,传统的农业生产已经不再是单一的利益获取渠道,现代农民可以从事商业、服务业、旅游业等更多的领域。生活方式的日益多元化也带来了道德领域的多元化,部分农民讲文明、树新风、重视知识、崇尚科学,也有部分农民的道德标准开始模糊,深受资产阶级腐朽思想和封建落后思想的毒害。

(二)农村家庭结构变迁的影响

社会学家按家庭成员的构成状况,将家庭分为六种类型:联合、主干、核心、隔代、单亲、单身家庭等。核心家庭是仅由父母和未婚子女构成的家庭,很适合小农经济,男耕女织,自产自养,夫妻和睦,即使在改革开放的今天也是受欢迎的家庭模式。主干家庭是父母(或父母一方)和一对已婚儿女组成的家庭,也包括第三代成员。多数是基于父母扶助子女、子女赡养父母的实际需要而居住在一个屋檐下。但可能因为两代人的成长环境差别太大,导致生活习惯相差甚远;或同代人也会因主体意识增强,处处体现个人价值,使得婆媳关系和姑嫂、叔嫂关系很难和谐,家庭矛盾频频出现。这些因素导致此类家庭的比例有所下降。联合家庭是由几代人或同代人中若干对夫妇及其子女组成的家庭。此类家庭数代同堂人口多,关系复杂,除了婆媳关系和姑嫂、叔嫂关系,还多了非稳定性最强的妯娌关系。若没有家庭权威的坐镇,家庭成员之间更难相处。

第二章 新时代农民道德素养

受现代居住环境的直接限制,此类家庭正在慢慢消失。在我国农村地区,以下两种情况是造就单身家庭的直接因素:第一种是在部分特别贫困或者因自身有缺陷的弱势家庭中,父母健在时,与父母共同组成家庭,父母一旦离世,他们的家就成了一个人的,即单身家庭。在农村经济的支持和政府扶贫政策的实施下,他们大都住进了老年公寓或养老中心,这种家庭已经不多。第二种是由于子女成家立业后与父母分居,老人处于独居状态。第二种情况的单身家庭数目正在逐年递增。夫妻家庭,即为只有一对夫妻、无儿无女、无父辈的家庭。一种是中青年夫妻因种种原因尚未生育,但这与城市中的"丁克"有所差别。农村的夫妻家庭往往因客观原因所致,不过,这种家庭在当前农村非常少见。另一种情况是老年夫妇在子女结婚以后单独居住,只有在逢年过节时子女才会回家,这种夫妻家庭的数量在逐步递增。[1]

家庭是社会的"细胞",也是自古以来人类社会生活的基础组织形式,不同的家庭结构对家庭功能的反作用也不相同。经调查研究,我国农村家庭结构出现了如下趋势:核心家庭增多、主干家庭减少、联合家庭慢慢消失、老年人家庭逐步转型。

在人们进行社会活动或日常生活的过程中,家庭所能发挥的功效即为家庭功能,家庭结构影响着家庭功能。在通常情况下,我国的家庭职能包括:第一,生理生育功能;第二,生产经营功能;第三,抚养赡养功能;第四,生活消费功能;第

---

[1] 陈东琼、吕文林:《新农村建设与新农民素质教育》,中国农业出版社2006年版,第33~48页。

五，培养教育功能；第六，社会交往功能；第七，政治文化功能等。中国农业社会在较长的一段时期内一直处于静态。在此种情况下，农村家庭功能大都五脏俱全，基本每个家庭都能满足生存需求。农村的家不只是一个小家，而是一个大家，甚至有时候还囊括了一个家族。这样的一个家不仅是生儿育女，还包含了政治、社会、经济、文化等方面的职能。随着经济的发展，政治、文化建设的完善，农村家庭功能也将随之发生调整。

家庭道德决定着社会道德的基本层面，是整个社会道德变化的晴雨表，对社会道德进步和社会的和谐稳定具有重大的影响。实际上，我国现代农村家庭的道德情况并不那么乐观，存在诸如由情感迷茫导致的草率、责任感缺失等突出问题。因此，加强农村家庭道德建设，不仅是解决现实道德问题，实现道德进步的要求，而且也是提高新型农民道德的迫切要求。

1. 家庭功能中培养教育功能的弱化

培养教育功能，顾名思义，即通过家庭的多方面教育（包括道德品质培养、基础知识的传授、言行的引导等方面）让人具有在社会立足的基本能力。其中，儿童培养教育是家庭教育功能的重点。但随着近些年农村经济体制的转型，家庭结构变迁，农村家庭的教育功能开始变化。相比较而言，现代农民更相信知识就是财富，不少农村家庭都注重对子女的全面培养。相比于父辈，他们对下一代投入了更多的时间和精力。我们可以在乡镇的街头、学校附近看见很多英语、美术、舞蹈等辅导机构，尤其是在寒暑假期，家家都学生爆满。然而，由于中青年农民夫妇进城务工,留下老人和孩子独居,有的家庭的子女教育问题落在了老人身上。可是留守老人由于身体、精力存在局限性,只能照顾到孙辈吃饱穿暖,再加上其缺乏现代教育意识,对子辈又过度溺爱,往往会导致这些儿童十分任性。可见,中青代新型农民虽有教育意识,但由于其教育能力在家庭中的缺失,家庭教育功能实际上被严重弱化了,农村儿童的道德素养环境也随之缺乏有力的指导和监督,由此带来的问题也层出不穷。

2. 家庭情感慰藉功能的畸形发展

情感慰藉功能,是指为满足家庭成员的情感需要,家庭在其中架构起情感沟通与交流的桥梁所发挥的功效。家庭内部的有效沟通、家庭氛围的温馨营造,让感情得以有依托,让爱情与亲情更加坚固,让情操与品德得到提升。就情感慰藉效果来看,农村家庭呈现出了完全相反的两种状态。一方面是强化。随着市场竞争的加剧,市场经济盲目性的影响,现代农民一夜暴富、亏本破产这种大起大落的情况在农村市场经济中也常会出现。此时,农民需要更多的爱情、友情尤其是亲情来慰藉内心的起伏。因此,在部分农村家庭中,家庭情感慰藉功能更加凸显。另一方面是弱化。由于农民务工经济的发展,有不少家庭的夫妻天各一方,许多家庭都出现了情感危机。在外者难免堕入"花花世界",留守者也难免另寻新欢,引起整个家庭情感功能的严重消解。这给新型农民家庭美德的培养增加了难度。

(三)城乡二元体制的影响

在特定的历史条件下,中国的二元结构也曾发挥着核心功效,其成就也是有目共睹的。但随着我国改革开放现代化建设的深入,"以牺牲农村来发展城市,以牺牲农业来发展工业"的经济模式已经严重伤害到了农业、农村、农民的发展,对农村的经济、农民的思想等都有着消极影响。改革开放后,虽然政府已经开始意识到农村问题的重要性与严重性,也制定并实施了许多方针、政策、计划,想走出这一困境,但因城乡二元结构已经与当前的经济发展模式骨肉相连,一时无法彻底解决,故要想完全消除二元结构式发展,还有较长的一段路要走。因此,在社会转型时期,农村社会、经济、思想方面的发展仍然受到城乡二元结构的制约,教育领域也不例外,而农民教育水平过低导致农民道德水平的提高也受到了二元结构的制约。

1. 农村文化教育总体投入水平低

城乡二元结构制约导致农村发展各方面的势头明显弱于城市,使得农村发展速度远低于城市。农村教育尤为明显,较城市而言,农村地区不仅教育发展速度缓慢,其质量水平也不高。[1]

(1)就资金方面而言,农村基础教育经费投入明显过低。以 2010 年为例,我国义务教育总经费约为预算内拨款的一半,数额高达 1000 多亿元。在该年度,有 1.93 亿在校生处于义务教育阶段,占总受教育人口的八成。由此可见,约八成的学生,经费却只占一半,义务教育经费比例明显不足。且在这明显匮乏的经费中,仅有 1/4 的经费属于农村义务教育费用,因

---

〔1〕 欧敏燕:"农民增收的关键是提高农民素质",载《全国商情(经济理论研究)》2008 年第 2 期。

此农村地区长期缺少教育经费。

（2）相比于城市学校的硬件配套设施及物质条件，农村学校配置明显短缺。有一些偏远贫困地区的学校连最基本的教学设备、校舍等都无法配套齐全，更别提电脑、投影仪等高端教学设备了。

（3）师资的配套方面也有天壤之别。因城市的生活、工作等方面都远优于农村，故绝大部分师范毕业生都会选择留在城市执教，城市便拥有了更多选择优秀教师的机会。因此，从教师水平和学历等方面来看，城市老师往往是高学历、受过正规教育的师范毕业生，而农村老师相对来说资质一般，且还有许多未受过正统教育的代课老师，这势必会影响农村教育的质量，也会制约新生代新型农民道德素养的发展。

（4）城市是当下教育体系的价值主导，虽然城市与农村中小学的教材以及教育大纲都是一致的，但其中的素材背景、教学内容等都是基于城市的发展情况及城市儿童而定的，针对农村儿童的实际照顾很少。举例来说，减轻考试压力这一举措当然更有利于学生的身心健康，但这种降低应试功能的素质教育却更多地体现城市儿童的需求，农村儿童本就基本功薄弱，亟待加强。

2. 农民道德素养建设的基层工作尚不健全

现阶段农民道德教育的内部机制也有所欠缺。第一，新型农民道德素养教育体系尚未健全。在当前的新农村建设中，精神文明建设的重要性未能被重视，使得至今未形成科学、系统的新型农民道德素养教育体系。理论体系未健全，其教育目标

新时代农民素养培育研究

也就难以真正实现。虽然国家从宏观上对农民的道德素养提出了新的时代要求,但在现实中,基层政府却未将其真正落到实处,也没有根据社会经济发展的不同阶段制定不同的可执行目标,农民们对自己到底该秉承什么样的道德规范也知之甚少。第二,基层政府的道德建设组织主体力量涣散。基层政府领导对新型农民道德教育重要性的认可度不高。部分地方领导还错误地认为,只要经济发展了,素养自然就提高了,道德教育可以用经济手段来取代,只要不出大的治安问题就行了。因此,在工作中,这些领导采用"一手硬、一手软"的工作战略,进而导致农民思想道德教育较为孱弱。还有一些基层干部认为道德建设是"软指标",即使没有做到位,也不会影响个人"政绩",不会显露出来;做好了,也无法体现出干部的贡献。因此,很少有基层干部会去认真贯彻执行农民思想道德建设方面的方针。第三,当前常用的农民道德素质教育方法未能与时俱进。一种是抽象说教式。由于村民大会很难召集,各村委会只能在大喇叭上通篇宣读,或在路口树立宣传口号广告牌、打一条标语,陷入到了形式化的泥潭。另一种是行政命令的风格。这两种方式虽容易推行,但方法陈旧、手段单一,未能走近民心,收效甚微。农民们还是你说你的,我做我的。还有少数基层干部不能以身作则,处处讲排场,甚至带头组织当地农民从事赌博等活动,从而降低了道德教育的实际效果。第四,当下投入到农村思想建设中的人力、财力等远不足以满足需求,绝大部分地区都没有安排专项资金或人力来进行农民道德教育,或将资金挪以它用,使得新型农民的道德建设因缺乏相应的物质支撑而进展迟缓。

（四）新型农民自身优良文化传承不足

中国传统道德架构着中国人的人生观、价值观、文化心理、个人习惯。可见，新型农民思想道德素质的提高，也离不开对中华民族思想道德优秀传统的继承与发扬。中国是一个有着几千年悠久历史的文明古国，传统文化对我们民族的影响也浸入了骨血，已经熔铸在人们的言行之中。直至今日，我们仍继承并弘扬着中华传统美德，如仁爱、诚信、为善、孝悌等观念。但同时，传统道德中的富贵在天、小富即安、男尊女卑、事不关己高高挂起等旧观念在农村还是有着一定的权威和号召力。现阶段，还是有很多农民习惯"日出而作，日落而息"的传统生活，满足生活现状，不懂得居安思危，又惧怕竞争、风险，回避新生事物，这很难发现和把握就业机会，没有对今后的生活进行规划与畅想，更注重于当下的享受，短视行为严重。还有些农民认为只需要为家庭、家族尽义务即可，对集体事务漠不关心；组织纪律观念也非常淡薄，做事散漫。此类落后观念制约着现代农民整体道德素养的提升。

五、新时代农民道德素养的培育路径

我国农村人口占我国人口的大多数，只有农村得到了发展，国家才能真正实现发展。道德是推动经济发展的人文因素。只有农民素质提升了，农村经济才会有发展的内在动力。进一步发展农村生产力，保障道德建设的物质支撑；加强对新型农民的各类教育建设，以文化素养带动道德素养的提升；加强农村普法宣传力度,以法律外在的约束、道德内在的软约束来规范新型农民的日常行为;重视农村道德建设的外部环境,发挥公共文化的作用,在农村创造一个积极向上、充满正能量的环境,意义非同一般。

(一) 加快发展农村生产力

生产力是人类社会存在和发展的根本动力。物质需要是人作为一种活的物质有机体必须满足和实现的基本需求,如果人类的生产力被局限在极端落后的状态,人类的视野和文明必然也受到限制。如果因此再出现物质匮乏而引起纷争,就会动摇整个社会的文明秩序。马克思也指出,"思想"离开利益,就一定会使自己出丑。[1]我国传统文化中也有"仓廪实而知礼节,衣食足而知荣辱";"有恒产乃有恒心"。这些观点都肯定了人们的物质生活条件决定着道德素养的水平和层次,尤其决定着人们道德的主观方面——德性的水平。尽管政治、经济、法律、制度、文化教育等对于人们的德性状况也有一定的影响,但在同等的社会条件下,人们的德性水平与其物质生活水平是成正比的。经济发展影响着个体道德水平的高低,因此要进一步发展我国农村市场经济,推进新农村经济建设,以此来夯实、提高新型农民道德素养的物质基础。

1. 发展农村经济,夯实提高新型农民道德素养的物质基础

中国农村地区地大物博,人文地理、风土人情各不相同,地域特色明显,为我国部分农村提供了因地制宜发展当地特色

---

[1]《马克思恩格斯选集》(第1卷),人民出版社1995年版,第73页。

经济的条件。当前,我国已涌现出一批批"优质产业基地县"和"特色产业乡镇",如江苏省江阴市华西村、河南濮阳县西辛庄等。农村基层政府要带领农民多学习、考察、参观,借鉴成功范例,结合本地实际优势,以市场为导向,寻找出一条快速发展、绿色高效的农业之路。如规模种植、产业化养殖、农产品初加工、乡村旅游业等。打造出农业龙头企业,帮助农民发家致富,让农民过上幸福的生活。农民得到相应的物质保证才可能会有时间、心情来读书学习,愿意了解国内外大事,了解党和国家及有关农村的各项方针、政策,才能理解这些政策法规与他们的生产经营活动息息相关;也才能从旧的思想观念的束缚中解放出来,接受新思想、新事物,更新自己的道德观念,多方面丰富、发展自己,提高自身的道德素质。因此,必须进一步发展农村经济来增强新型农民道德提升的内在动力。

2. 加大惠农补贴力度,推进精准扶贫

农民需求就是政府工作的方向。加大对当前农村惠农补贴政策的力度,除了减免农业税,对于农民种植、养殖、畜牧等各项生产领域的补贴也都要进一步扩大并落实到位。有了物质保障,农民生产生活的后顾之忧得到彻底解决,农民才能放开手脚,安心生产,并增进对集体情感的认同。在现阶段的农村建设中,为实现全面建成小康社会的伟大目标,扶贫工作进入了攻坚阶段。党员干部包户扶贫,各企业、各行业协会驻村扶贫,对于农村中的贫困村和贫困家庭要民意推选,精准识别;制定针对性的脱贫计划,精准帮扶;建档立卡,定期跟踪、排查、更新帮扶信息,精准管理,积极引导社会资源优化配置,推进精准扶贫。这不仅保障了每个农民都拥有有尊严且体面的生活，也避免了由绝对贫困带来的种种道德滑坡现象：如因经济不宽裕，部分农村儿女对老人不尽孝道；农村妇女从事色情行业；贫困者因生计而铤而走险，从事违规违法活动等。

（二）加大农村各类教育硬件设施、经费、人员的投入

"发展农村教育事业是落实科教兴农方针、提高农村人口素质的关键。"可见，如何更好、更快地提高新型农民道德素养，教育无疑是最有效的方法。

1. 基础教育因材施教

义务教育提高了全国人民的知识文化水平，增强了国力，也促进了教育公平。把义务教育落到实处是提高当代、下一代新型农民道德水平的持久保证。加强农村地区基础教育建设和落实，积极宣传《中华人民共和国教育法》，可以使得广大农民意识到接受教育既是自己应享有的权利，同时也是自己应尽的义务。对于由于家庭经济原因而失学、中途辍学的儿童，相关部门要调拨出专项资金来给予特别的扶持，坚决杜绝因为贫困而失学、辍学的情况发生，确保农村中的所有适龄儿童都能接受到正规的义务教育。现如今，虽然全国上下实行九年义务教育，但各版本的教材大多数都是针对城市儿童的情况而编写的，并没有那么全面地考虑到农村教育的特殊性和农村儿童生长的特殊环境，所以迫切需求制定针对农村基础教育的教材。同时，在多数农村地区，基础教育中的道德教育流于形式，没有落到实处。农村教育主管部门要重视把道德教育水平列为硬性考核指标，学生的道德评估直接与老师待遇挂钩。探索将尽

可能多、具体化的道德教育融入农村基础教育中，使得农村儿童从小就能受到主流价值观的正确价值引导和监督。这有助于新生代农民、留守儿童良好道德品质的树立和道德素养的提升。

2. 职业教育突出其经济、科技、道德功能

目前，农业科技含量水平低、农业效益增长缓慢，制约着农村经济的发展。因此，对新型农民进行职业技能培训是最直接、有效的方法。首先，政府应牵头建立以农业部门为首，财政、教育、科技等部门协调参与的综合管理机构，组织开展培训工作。各级政府也要把农民培训经费列入政府财政预算并逐年增加。其次，由于农民的年龄、知识水平、接受能力参差不齐，对农民的科技文化培训必须要有针对性，深入浅出、通俗易懂。教学内容要与农民的生产生活密切相关，例如养殖、种植以及家电维修方面的相关教育必不可少。最后，教学形式要灵活多变，有计划、有步骤地开展不同程度的教学活动。远程教育的作用也不容小觑，利用各类教育网站，借助数字化多媒体网络，使对农民的科技教育培训工作生动、形象、直观有趣，增加农民的学习兴趣。也可以尝试推动农业龙头企业、高等院校、民办培训机构参与农民培训工作，进一步解决农民教育培训经费不足和提高教育质量的问题。

同时，调动农村那些未继续完成学业的初中毕业生和一些有能力的农村青年转入技工学校、职业学院，设立奖学金，发放助学贷款鼓励他们继续学习，在其技能考核合格后，获取相应的证书，回到农村用自己学到的技能发家致富。也要重视新

生代农民中农村高考落榜生这一优势群体对新农村建设的促进作用,利用他们身上有较高的文化水平、有较强的再学习能力、易于接受新技术和管理新理念等优点,把他们组织起来,集中学习应用型技术、现代管理知识、具有实用性的农业技术知识、因地制宜的农作物种植和栽培方法等内容。使他们能和谐地融入农村生产、建设和生活之中,把他们培养成适应新农村建设的新型农民的中坚力量。

此外,在对新型农民进行职业教育培训的过程中,也要重视"职业"教育与"思想道德"教育的适当结合,思想道德修养课也被列为日常教学、结业考核的重要部分。新型农民中的新生代农民思想道德水平得到了提高,才能在以后的工作生活中做到爱国、守法、诚信。

3. 开展基本法律、生态道德教育

道德和法律相辅相成,是维系社会稳定的两大法宝。推进道德建设,必须综合运用各种手段,既要靠教育,也要靠法律,把提倡与反对、引导与约束结合起来。

(1) 提高新型农民的法律意识:

第一,加强农村地区司法工作的宣传和普法教育。在中国,一般解决事情都是按照"情、理、法"三个原则进行的,中国人最注重情义。首先,要对新型农民进行宪法、刑法、民法、劳动法、婚姻法等基本法律、法规教育,奠定新型农民的法律基础。同时,以农民生活为基础,结合一些法律知识,编写一些通俗易懂而又寓意深刻的知法、守法小故事,让农民进一步体会到法律的实用,自动加强对法律的认知,以后在遇到不公平事情的时候，不再使用蛮力寻求结果，不再受困于伦理人情，而是自觉、理性地用法律维护自身的合法权益。

第二，制定和完善村规民约，补充现有的法律法规。把村民们该遵守的道德规范都纳入法律、法规、公约之中更加便于管理。基层政府政法部门要严格执法，严厉打击危害社会的不法行为，促进农村思想道德新风尚的形成。

（2）教育新型农民生态资源保护意识。我国"地少物薄，资源有限"，国土资源中，山地多、耕地少。虽然我国的土地总面积位列世界的前几位，但是我国人口众多，平均分下来，每个人的土地才只有0.1公顷到0.13公顷，相比一些发达国家的人均耕地面积，我国的人均耕地面积非常有限。再加上我国在开展现代化建设的过程中又占用了大面积的耕地，使得我国本就为数不多的耕田变得更少。尽管我国耕地面积少，人口仍在持续增长，这么少的耕地面积支撑着我国14亿多人口的生活。在农村，部分农民没有可持续发展的科学意识，大量使用农药破坏了土壤环境，走着先污染、后治理的老路，严重威胁到了子孙后代的生存环境。作为新型农民，一定要懂得土地资源的可贵，树立环保意识，坚持实践绿色可发展道路，保护耕地资源不再被肆意浪费，恪守耕地面积18亿亩红线，珍惜土地资源，严格遵守村镇的规定，不在土地上随意建筑房屋和墓地，同时最大限度地开发利用一些废弃的土地，以增加耕地资源，为国家的长远发展打下基础，为子孙后代留下美丽家园。

4. 组织妇女专题教育活动

农村妇女不仅承担家庭中的家务劳动,还承担着教育子女的责任。如果她们没有接受过教育,依然保持着封建迷信的思想和一些比较腐旧的观点,便会在生活中间接地负面影响她们的子女,也会给社会风气带来不好的影响。因此,农村妇女接受教育势在必行,只有她们的文化素质提高了,才会有利于农村家庭道德建设的顺利进行。

(1) 农村妇女思想道德的总体状况。经历过改革,农村妇女的思想也呈现出巨大的变化,她们开始具有自己独特的见解,对经济和市场的认知也比以前多了很多。但是,并不是所有女性农民的思想都发生了改变,还有一些妇女仍然和从前一样,没有发生任何改变,她们的思想道德素质也非常薄弱。主要体现在以下几个方面:

第一,她们的思想与当下的形势完全不符,跟不上时代的步伐,守着老旧观点,不懂得变通,不关心时事,不接受新鲜事物,对生活方式没有追求,只希望生活过得去就可以,没有一点精神文化的追求。

第二,她们缺少自我精神,对于自身的认知也比较缺乏,将自己的期望寄托在子女或丈夫身上,过着一种得过且过的生活。

第三,那些不科学的老旧观念,一直存活在她们的思想当中,她们缺少团队合作的精神,只看重个人利益,狭隘、自私,信奉宗教和封建迷信。

第四,短视行为严重,不能从长远发展的角度来看待事情。

第五，经常会出现一些媳妇不孝顺老人、不赡养老人，赌博和骂街等现象。

（2）培育新型女性农民。在建设新型农民时，女性新型农民也是建设的重点对象，要结合女性自身的特点，从思想到能力对她们进行培养，使她们成为新型农民的关键部分。文化素质是衡量新型女性农民道德的重要标准，只有在良好的教育环境下，才能培育出新型女性农民。[1]

在建设新型女性农民的时候，不仅要提高他们的文化素质和道德素质，还要提高她们的职业技能，通过鼓励新型女性农民参加一系列的专业培训，掌握一些职业技能，使之成为新型农民的主力军。舆论媒体一般都会宣扬中华美德，要充分利用大众传媒的道德教育功能，以此在社会中形成良好的风气。在良好的社会环境中，人们都会变得更加正能量，减少负能量。农村妇女的行为大多是受他人影响而来的，其中对她们影响最大的是电视和广播内容。据统计，大部分农村家庭都有电视，其中，农村妇女最喜欢的活动就是看电视。而看电视的过程就是她们获取信息的过程，多播放宣扬夫妻和睦、尊老爱幼、团结邻里的电视节目，促进女性新型农民的良好美德的形成。

（三）发挥农村公共文化的作用

"文化所承载的价值观和道德有着本质的联系，文化是道

---

[1] 鲁芳："道德精神的社会资源支持"，载《伦理学研究》2010年第3期。

德建设的营养源泉,道德也直接表现为一种文化状态。"[1]这说明文化与道德具有天然的相通性,"道德问题的解决和道德理想的实现,依赖于文化创新、发展与变革,依赖于文化对道德的建构作用"[2]。因此,文化包括乡村文化所具有的传承、传播、交流等功能优势,更是新农村道德建设培养新型农民需要借助的支撑性力量。

案例:福建宁德百支文艺小分队送文化下基层 助力乡村文化振兴

2020年10月21日,由福建宁德市委宣传部、市委网信办、市文联主办的百支文艺小分队下基层送文化活动启动仪式,在蕉城区金涵畲族乡金溪社区举行。即日起至年底,百支小分队将举办108场文艺下乡活动,将生动的节目送到群众家门口,助力乡村文化振兴。

启动仪式上,宁德市委常委、宣传部长谢再春对宁德市百支文艺小分队的组建表示祝贺,对参加此次活动的广大文艺工作者表示衷心的感谢。他强调,要积极推动"不忘初心,牢记使命"主题教育往深里走,往心里走,往实里走,着力展示宁德市宣传思想文化战线在创建全国文明城市中担当作为,不断满足人民群众对精神文化生活的新追求。全市宣传思想文化战

---

[1] 魏则胜:《道德建设的文化机制研究》,广东人民出版社2005年版,第13~20页。

[2] 张领:"新农村建设中提高农民思想道德素质的策略研究综述",载《重庆电子工程职业学院学报》2010年第1期。

线的同志们尤其是全市广大文艺工作者要坚持与时代同步伐、以人民为中心、以精品奉献人民、用明德引领风尚,到最基层、最困难、最需要文化艺术的群众中去,以满腔的热情、无私的奉献、高尚的情操,用人民群众喜闻乐见、生动活泼的语言走遍全市所有乡村角落。要持续深入开展送文化、送精神的活动,向社会传递人间温暖,展示大情大义,引领文明新风尚,助力乡村文化振兴,为走好一条具有闽东特色的乡村振兴之路、为全面实施一二三发展战略,谱写新时代宁德发展新篇章提供强大的思想支持和精神文化力量。(来源:中国新闻网)

充分发挥文化对于道德建设的推动作用要从以下四个方面着手:

1. 完善文化活动基础设施的建设

近些年来,经济发达地区农村的文娱设施外观新颖、种类繁多,深受民众喜爱。但在落后地区,农村的硬件文化设施还远远不足,也就不能为各种文化主题活动提供有力的物质支撑。乡镇文化站、村文化室不仅是农村群众开展文化生活的基本场地,也是基层文化建设的主要阵地。

第一,各乡文化站、文化室要大力发展公共文化服务体系,大力推行"万村书库""送书下乡"等全民阅读工程,尽力健全包含图书杂志、报刊阅读、书法绘画、有线电视、宽带上网、音乐设备的活动室和能举办大型道德主题活动的文化礼堂。收集主流媒体"今日说法""道德观察""曲苑杂坛""科学探索""梨园春"等栏目中针对农村生活的音视频资料,定期组织农民收听收看,在娱乐的同时对他们进行文明道德教育,提高素质。

第二,要推动实施新型农民体育健身工程,规划好羽毛球场、篮球场、街心休闲广场等健身场地,购置适用于不同年龄段的健身器材,也可以集农村的健身活动室、远程培训室与农家书屋于一体,在提供宽敞舒适的阅读环境的同时,还可以健身放松,打造强健的身体素质。作为农村精神文明的建设载体,文化站、文化室要定期举办丰富多彩、贴近生活的文化娱乐活动,同时也要鼓励农民们自编自演,积极参与,在文化活动中解读国家大政方针、惠农政策科技知识,渗透道德教育、凝聚民心、净化心灵、提升素养。

2. 发挥现代传播媒体的积极宣传作用

随着农民经济实力的增强,其购买力也凸显,再加上移动信号在农村达到98%的覆盖率,手机、电脑等已成为农民之间交流的重要工具。现代农民传统的交流方式发生变化,其道德评价方式也相应发生变化。精神文明建设部门应积极利用网络的普及,在中国农业科技入户网、中国农业科普网、中国新农村建设信息网等页面刊载全国镇村道德建设、新型农民道德要求的有关政策法规,工作动态,吸引农民发帖讨论或者邀请精神文明建设专家定期开设讲座、在线交流,及时了解农民的道德动向,以便及时增加契合农民需求、兴趣的道德素养知识。

当下广播电视仍是我国农村传媒的主力军。新一轮农村广播电视村村通工程,已经基本覆盖包括西部偏远山区的每家每户,目前有条件的省市正在推行数字化电视。电视作为一种主

第二章 新时代农民道德素养

力媒体,必然要承担农村地区农民道德建设的社会责任。广播节目不仅要精彩有趣,还要进行正确、积极的健康道德指引,传播主流价值观,弘扬社会主义核心价值观,自觉抵制"三俗"节目。同时还要注重节目的实效性,各地都推出了很多农村卫视频道,关注农民生活的方方面面,如"乡村调解员""驻村刘法官""农渔林"等。现代农民在观看电视的时候,不仅可以娱乐,还可以从中获取生产生活的信息,扩宽自身的视野,增加自身知识,提升内在修养。

3. 鼓励农村各种文艺团体开展丰富的业余文艺活动

民俗文化是基层群众结合自身的地域环境和实践活动总结创造出来的一种喜闻乐见、通俗活泼的娱乐文化形态。它不仅反映了农民的生产生活方式,同时也符合农民的理解能力和审美水平,深受群众欢迎。民俗文化的精华传承着传统的道德精华,这对农民的道德观建构有着极大的影响力。提升新型农民的道德素养必须要善用这些文化形式,扩展、提升新型农民道德素养的内容和形式,使农民在欣赏艺术的同时也得到道德情操的熏陶。可以结合当地农业特色,开展一些健康向上的文化活动,例如西瓜王评比活动、科技竞赛、丰收成果竞赛、奖励优秀的科技标兵、种田能手。也还可以开展各种节日的秧歌、舞龙舞狮等农民喜闻乐见的精神活动,传承发展民俗精粹,丰富农民单调的文化生活,提高农民的审美情趣。这也是提升农民道德内涵的最贴近农民生活的方法。丰富文化载体还要支持有各种特长的农民组建文化小分队,培育农民文化共同体。如成立专门的书画社、读书会、普法小组、锣鼓队等,培养农民书法家、农民歌唱家、农民作家、农民律师,振奋农民精神,活跃农村公共娱乐生活。农村的"草根艺术家"能够真正激发农村自身内在的活力,使农村文化不单靠"送文化下乡"支持,自身也能获得内在持续发展的根基,是营造健康向上的道德环境的重要手段。

有些农村地区积极推广乡村广场舞,丰富乡村夜生活。广场舞是我国目前最为普遍的娱乐方式,形式简单,入门要求低,所有人都有参与条件,可以极大地调动人们的学习热情。夜幕降临,脍炙人口的《最炫民族风》《小苹果》《自由飞翔》《爱我中华》等旋律动人的乐曲飘荡在村野,村民们排列有序,踏着欢快的歌声,舞出优美的舞姿,这样的场景几乎成了村庄中一个最具标志性的场景。随着跳舞的人越来越多,场地也变得非常热闹,跳舞的跳舞,围观的人看着他们跳,或是在唠嗑,或是在旁边进行锻炼……邻里之间的沟通多了,感情自然而然地变深了。

(四) 完善社会评价监督体系

新型农民道德建设的效果离不开外在的思想道德监督体制的保障。新型农民道德建设的评价机制是指新型农民道德建设的考评主体运用科学的方法和手段,依据一定的考评标准和考评原则,对社会主义新型农民道德建设的整体和各方面做出相应的评价,扬善惩恶,来确保社会主义新农村道德建设顺利进行的一种督导行为。

1. 开展道德实践活动,做好道德模范的引领作用

古代圣贤荀子说:"得贤师而事之,则所闻者尧舜禹汤之

道也；得良友而有之，则所见者忠信敬让之行也，身日进于仁义而不自知也者，靡使然也。"由此可见，可以树立农村道德典型，发挥榜样教育示范作用，以此来影响新时代新型农民的道德内化。

案例：

2018年5月3日下午，由山东文登区委组织部、区委宣传部、团区委、区人社局、区新闻中心联合举办的"传承红色基因 共筑伟大梦想——区第十七届道德模范暨第八届十大杰出青年颁奖仪式"在区广播电视台演播大厅举行。为积极培育和践行社会主义核心价值观，弘扬时代精神，文登区大力推进仁孝文登、红色文登建设，开展了争做"道德模范""杰出青年"活动，通过群众举荐、组织审核、媒体公示和社会投票、评审委员会投票评选等环节，最终产生道德模范和杰出青年各10名。

近年来，文登区每年都举办道德模范、杰出青年等评选活动，此类活动为宣传新型道德风尚、凝聚民心起到了很好的导向作用。（来源：威海文明网）

提升新时代农民自身的修养，开展道德建设可以发掘农村中贴近农民生活的典型事件和榜样人物，塑造出贴近普通群众的"可亲、可敬、可信"的道德榜样，激发现代农民的道德情感共鸣，唤起他们巨大的向往之情，使之去对照、仿效、学习。首先要强调村干部的带头垂范作用。培养新型农民良好内在的外部环境不仅要靠现代农民的自主和责任感,而且与良好的党风、政风休戚相关。政治伦理和官员道德在中国特有的文化背景下永远都是左右社会道德乃至道德精神的一支重要力量,官风好,则民风正。因此,官员在扮演道德权威方面,可发挥积极的作用。凭借政治权威的控制力,基层组织中的村干部成员不仅可以强化农村道德的规劝力和感召力,而且能正面直接影响村民的道德正义感的形成。鉴于此,党员干部尤其要发挥道德榜样引领人的作用,身体力行,带领全体村民进行农村道德风尚建设。同时,在村民中开展道德实践活动,树立"五好家庭""道德标兵""好媳妇""好公婆"等榜样,号召村民向这些楷模学习。典型和榜样是现实、直观的存在,是激励、鞭策新型农民践行道德的直接动力。

2. 建立健全新型农民道德建设的评价机制

新型农民道德建设的评价机制是指新型农民道德建设的考评主体运用科学的方法和手段,依据一定的考评标准和考评原则,对社会主义新型农民道德建设的整体和各方面做出相应的评价。积极向上的道德评价能正确引导农民群众明辨是非,正确判断自己的行为处事,不断调整自己的旧习陋俗,防止受不良社会风气的影响而做出错误的决断。因此,新型农民道德建设要以社会主义核心价值观为引领,把社会公德、职业道德、家庭美德、个人品德建设同农民实际生活联系起来,把处理好邻里之间、家庭之间、个体和集体之间的关系融入新型农民道德建设评价标准中,开展譬如"好村民""五星级文明家庭""文明用户""好干部"等评选活动,以此作为准则和标准来引导和规范农民的思想道德观念，从而形成一道抵制不良之风的屏障。

3. 充分发挥舆论对新型农民道德建设的监督作用

大众媒体覆盖面广，社会影响力很大，因此必须高度重视大众传媒的舆论监督作用。利用新闻、报刊、广播、微信、互联网等大众传媒对新型农民道德建设的动向跟踪报道，大力宣传道德建设中出现的先进楷模，同时曝光一些与现代文明不符合的丑恶现象。通过媒体既要监督农村基层干部道德建设的态势，又要监督农民群众的道德实践，设置行之有效的奖惩制度，激励新型农民知善去恶，形成文明的价值导向。

当前，农民要想适应时代的步伐，适应新农村改造的变化，适应社会，亟须转型为新型农民。然而，新型农民的转型也不是一蹴而就的，面临着许多现实问题（如自身生存的问题、适应时代的问题等）。笔者在书中着重探讨提高新型农民的道德素养的问题，先是重点阐述了新型农民的内涵、时代特征，随后谈到了有些新型农民社会主义理想信念淡薄、价值取向多元化、职业道德感不强、家庭美德水准降低、法律意识薄弱、精神生活贫乏、迷信思想严重、生态道德意识不足。随后，又分析了新型农民道德素养缺失的原因：所有制转变的影响、农村家庭结构变迁的影响、城乡二元体制的影响、新型农民自身的主观因素。解决新型农民道德素养问题的时候，需要考虑社会环境因素、农民自身问题等因素来净化农村道德环境，形成农村高尚的社会风气。

新时代农民法治素养

2014年,党的十八届四中全会明确提出要全面推进依法治国,并正式将"法治教育纳入国民教育体系"。农民法治素养的培育是国家法治教育不可或缺的重要组成部分。党的十九大报告首次提出了"乡村振兴战略"的重大决策。2018年,中央一号文件根据乡村振兴战略的要求,提出"要健全农村公共法律服务体系,加强对农民的法律援助和司法救助"。2019年,党的十九届四中全会精神强调全面推进依法治国,加快推进乡村治理体系和治理能力现代化建设。实施乡村振兴,切实推进农业农村现代化,离不开一批高素质的新型职业农民,离不开对农民法治素养的培育。提升我国农民的整体素质尤其是法治素养成为实施乡村振兴战略的一项重要任务和保障。当前,如何用法治的手段保障乡村振兴战略的健康、有序推进和发展成了摆在我们面前的一项重要使命和重要课题。因此,深入系统研究我国农民法治素养的现状、制约性因素并提出相应对策,对于全面推进依法治国、实施乡村振兴战略具有重要的理论价值和现实意义。

一、农民法治素养的相关概念

(一) 法治

法治与法律是不同的,法律制度只是法治中的一个部分,并且法治的发展也不能仅仅依靠法律制度。关于法治这一概念,当前学者们各抒己见。关于法治的最早阐述是古希腊著名哲学家亚里士多德。他认为:"法治应当优于一人之治。"[1]"法治应当包括两重含义:已成立的法律获得普遍的服从,而大家所服从的法律又应该本身是制定得良好的法律。"[2]有学者认为,法治就是政府制定法律制度,并将法律制度进行公开公布,在法律面前不论贫富都一视同仁,没有特例而言。还有法学家认为在封建专制社会中,国王就是国家的法律,而在资产阶级自由国家中,法律就是国家的国王。

当前,我国法学家对法治的解释是以批判、吸收资产阶级优秀法治理论为基础的,最为著名的法治解释就是由卓泽渊提出的。他认为:"法治是与人治相对立的、以民主为前提和目标的、以制约权力与保障人权为基本特征的、依法办事的社会管理机制、社会活动方式和社会秩序状态。"[3]

可见,关于法治的论述是多种多样的,但都反映了不同历史时期和社会制度体系对于国家法治的理解,本书针对法治的

---

[1] 法学教材编辑部《西方法律思想史》编写组编:《西方法律思想史资料选编》,北京大学出版社1983年版,第53页。

[2] [古希腊]亚里士多德:《政治学》,吴寿彭译,商务印书馆1965年版,第167页。

[3] 卓泽渊:《法治泛论》,法律出版社2001年版,第62页。

解释是以法理界普遍认同的解释为基础，并结合本书实际作出的狭义解释。所谓法治，是指社会不同利益群体在国家管理和社会公共生活中自觉遵守民主法治、自由平等和人权的有机统一。这一定义主要源于以下几点：一是法治与专制是相互排斥的，不容特权的存在。法治是以保障公民基本权利免受专制意识摆布为核心的，法律是法治的基础和基本准则，因此要对国家统治者的权力进行限制，发展民主法治，最终达到法治状态。卢梭指出："凡是实行法治的国家——无论它的行政形式如何——我就称之为共和国；因为惟有在这里公共事物才是作数的。一切合法的政府都是共和制的。"[1]因此，在法治发展过程中要始终贯彻民主理念，要以民主为基础，实现法治的终极目标。二是新型民主追求自由平等，是现代社会发展的必然要求。在这里，平等是指权利义务的对等性，即享受权利和承担义务是相互平等的，只有实现平等才能实现真正自由，也就是说平等是自由的前提。卢梭认为，平等对于国家稳定是非常重要的，不能出现极端差距，也就是不能有富豪也不能有赤贫，一旦出现这两个极端等级就会造成社会分化。法律的平等性在自由资本主义阶段是不可或缺的，在社会主义国家是同样重要的。从法治意义上来讲，其在本质上要求人格的平等，不论贫贱高低，法律面前人人平等，没有特权存在，唯有服从法律。孟德斯鸠曾提出，在一个法律国家，自由是有条件的，是指人们能够做的事情，自由是在法律允许的范围内进行的，是

---

[1] [法]卢梭：《社会契约论》，何兆武译，商务印书馆1994年版，第51页。

法律赋予的权利,如果公民能够做法律禁止的事情,那么他就不会享有自由了。自由与权利是统一体,不可割分开来。自由需要以法律制度为保证,否则就不是真正的自由。因此,在民主法治建设中要让公民理解并形成自由观念,创造良好的法治环境,使公民能够在社会生活中享受真正的自由。三是法治的最终目的是广大公民的人权享有,通过法治能够保护公民的合法人权,实现自由平等,使每个人都在社会中能够更好地生存和发展。当前,世界上对法治与非法治国家的区分标准就是基本权利的保障状况,法治对于基本权利的保障就是要保护公民的权利得以持续、有效获得,不被非法侵害。因此,就需要政府建立科学有效的管理机制,以公共管理为基础,配套完善的法律制度,形成健康、有序的社会秩序,保护公民的公共权益和国家集体利益,严禁任何形式的侵权行为。

上述关于法治的相关分析主要是从定义角度展开的,遵循从抽象到具体的原则,虽然科学性相对缺乏,但是对法治概念做出了较为详细的阐述。同时,提出这一定义也是基于本书的研究需要,服务于农民法治意识分析。当前,我国大力推进依法治国进程,其中占人口大多数的农村法治建设显得尤为重要,没有农村地区的法治就不可能实现真正的依法治国。

(二) 法治素养

所谓法治素养,是指人们在法律认知的基础上实现的法律意识层面的升华,更侧重于法的本质要求和价值目标,是在人们法律意识的基础上进而实现的,个人学法用法综合能力的升华和发展。如果一个人具备法律素养,那么他会遵纪守法,形成守法用法观念，可以在法律制度下成为良民。但是，这样的公民不必然会成为自主运用民主权利、改善和发展法律的主人。也就是说，公民如果仅仅是具备法律意识，而不具备民主意识，那么他很可能成为法律制度下的奴隶。法治素养不仅仅要求我们要守法、用法，还需要自觉运用、分析和判断法律制度的效果和对于社会的影响程度，一旦发现不利于社会发展的法律，就要主动去改进或废止，从而真正成为法的主人，实现人与法的和谐统一，谋求人类发展的更广阔空间。社会发展最终要实现由必然王国向自由王国的过渡。这就需要个体主体意识的觉醒，从而实现全人类的解放。法治素养与法律意识是不同的概念，法律意识更多的是知法、用法层面，有时候它可能会产生负面作用，因为法律是有局限性的，并且一定时期还会存在"恶法"，这就会阻碍社会的发展。而法治素养是更高级的个人品质，它要求人们抱以积极向上的态度，理性去分析判断法律的运行效果，体现出社会个体的人文关怀，有利于全社会的文明进步。一旦社会个体具备了法治素养，并在日常生活中得以运用和发展，必然会推动法治的进步，发挥出最大的主观能动性。马克思曾说过："人们按照自己的物质生产力建立相应的社会关系，正是这些人又按照自己的社会关系创造了相应的原理、观念和范畴。"在法律领域内，社会关系主要体现为法律权利义务关系，通过提高公民的法治素养可以促进法律制度的完善和发展。当前，我国提出了社会主义民主法治理念，推进依法治国，发展基层民主制度。所谓社会主义法治理念，是指一种思想理念体系，旨在指导我国的社会主义现代化法治建设,以法治的功能性质、内在要求、价值目标和路径实现为基础,搭建完善的立法、司法和守法体系,强调法律监督作用,体现社会主义法治内在精髓。我国致力于建设社会主义法治国家,需要以科学完善的法治理念为指导,帮助公民培养法治素养。

(三)农民的法治素养

农民法治素养是法治素养的子概念,它是农民关于法律现象的思想、观点、知识和心理的统称,包括农民的法律知识水平,对现行法律的评价和解释,对社会成员及自己法律权利和义务关系的看法,以及法律需求等。[1]农民法律意识是社会存在及法律体系在农民头脑中的反映,它受到许多社会因素的影响。同时,由于意识的反作用,农民法律意识必然也会对社会存在及社会现象产生一定的影响。评价衡量农民法治素养程度时,可围绕着四个方面进行研究分析,即农民对法律的认知程度、农民对法律执行的评价、农民对权利义务的认识、农民维护权利的能力。我国农村是典型的乡土社会,由于区域政策存在差别,造成目前农村发展水平不一致:有的已达到小康,这部分农民的法律意识较强,懂得利用法律武器保护自己的应有权利;还有大部分的农民生活在传统、保守、发展相对滞后的乡土社会里,他们的法律意识相对很淡薄。本书研究的对象主要是后者,也是法治素养亟待提高的对象。他们中的大多数因为经济、地域、风俗的限制,横向交流比较少,往往靠当地的

---

[1] 孙昌乾:"增强农民法律意识 建设和谐新农村",载《现代农业科学》2009年第1期。

风俗道德、礼仪规约、情感心理等来调控和维持社会关系。他们对礼俗、习惯的重视超过了法律，法律在他们心中严重缺位。这些农民的法治素养有三个明显特点：

首先，服从意识强。中华民族有着五千年悠久灿烂的历史文化，儒家思想对人们的影响最为深刻，尤其是在农村，这种思想更是深入人心。"归根到底，法的观念是被塑造出来的，它不能够超出它置身其中的文化的界限。"[1]儒家思想作为维护封建王朝的正统思想，强调"君为臣纲，父为子纲，夫为妻纲"。在漫长的历史发展过程中，人们产生了根深蒂固的服从意识，养成了"服从天命""知足常乐"的性格，再加上农业生产带有季节性、艰苦性及自然灾害风险，农民往往自感地位低下，容易逆来顺受。这种服从意识仍然沉积在现代农民社会中，使得农民个体权利意识淡薄，很少积极主张自身权利。当他们在温饱、安宁、人身、财产等方面遇到不公正的待遇或者遭到侵害的时候，听从长辈或乡村组织安排是他们的第一选择。人们在行为选择时，首先考虑是否符合上司的要求、会不会冒犯当权者的利益，而不管是否符合正义和法律。服从长辈安排、服从政府安排已成了农民内心的惯性思维。相反，对法律则显得生疏，甚至对法律的保护还存有一种排斥的心理。

其次，宗族意识深。宗族是指拥有共同祖先的人群集合，在我国（尤其是在农村）有着漫长的历史。宗族内部的一些观念现在仍旧影响着农民为人处事的思维。改革开放以来，我国

---

[1] 梁治平编：《法律的文化解释》，生活·读书·新知三联书店1998年版。

第三章 新时代农民法治素养

广大农村虽然实行了家庭联产承包责任制,但农村群体仍以家庭为主要单位,农民依旧生活在以村、组为纽带的熟人社会中。他们仍然注重乡礼乡情,习惯于接受传统风俗礼仪的管理约束,能充分认识到法律作用的农民还不多。在很多农民的心里,发生在家族、村组内部的事都是"家事",靠约定俗成的"老规矩"来解决。在一些宗族势力比较强大的地方,甚至出现了"族规说了算、法律靠边站"的不正常现象,如阻止男方做上门女婿,嫁出去的女儿犹如泼出去的水,在娘家没有财产继承权。在村"两委"班子换届选举时,人多势众的家族为了维护家族利益,显得特别团结,往往把持、操纵选举,以推出自己的"代言人"。还有一些家族,为了争一块祖坟山或纠纷山权属,不惜铤而走险,组织非正常集体上访,给政府部门及司法机关施加压力,有时还会唆使家族成员与对方群体械斗,极易酿成流血冲突。

最后,避讼思想浓。中国几千年的传统思想倡导天人合一,强调人与人的和谐相处、人与自然的和谐相处,把"和"作为最高价值标准,不主张狱讼。"和为贵"的思想在农村逐渐演变成"忍为尚"。尤其是当他们的合法权益受到侵犯时,有时候宁愿自己吃亏,也不愿意运用法律进行维权。在他们看来,"打官司"的人多是认死理、难缠、"一根筋"、"斤斤计较"的人,"上法庭"并不是值得显耀,甚至是一件没面子的事。要是"吃上官司"成为被告,那简直就像犯下了"大罪",当地村民是会另眼相看的。时至今日,"打官司"也是不得已而为之的事。在农村,邻里关系是极其重要的一种社会关系，当其遇到挑战时，农民往往习惯于自我约束、友善调解、大事化小、小事化了，最终互给"面子"、借梯下楼、息事宁人。"退一步海阔天高，忍一时风平浪静"、"和为贵"是许多农民的为人处事原则。

二、乡村振兴视域下农民法治素养提升的必要性

（一）农民法治素养的提升有利于夯实乡村振兴的经济基础

党的十九大报告提出实施乡村振兴战略，指出农业、农村、农民问题是关系国计民生的根本性问题，必须始终把解决好三农问题作为全党工作的重中之重。要坚持农业农村优先发展理念，按照产业兴旺、生态宜居、乡风文明、治理有效、生活富裕的总要求，建立健全城乡融合发展体制机制和政策体系，加快推进农业农村现代化。产业兴旺则是乡村振兴的经济基础，提升农民的法治素养，培育农民的契约精神，增强其诚实守信、合法生产、依规经营等法治意识，有利于在产业兴农中做到质量兴农、品牌强农，有助于乡村产业做强做大，激发乡村产业在农村经济发展中的旺盛活力，实现农村经济的可持续发展。

当前，深化农村集体产权制度改革是乡村振兴过程中的一个重要改革举措，其中有许多涉及农民权益的法律规定，关系到构建实施乡村振兴战略的制度基础，对保障农民合法权益、完善乡村治理具有重大意义。农民了解相关的法律制度，有助于保障自身合法的财产权益，增强自身的获得感、幸福感、满足感，从而激活农村各类生产要素的潜能，进一步释放改革活

力，推进农村经济的发展。

(二) 农民法治素养的提升有利于维护乡村社会和谐稳定

2016年5月，习近平总书记在安徽凤阳县小岗村主持召开农村改革座谈会时强调指出，农村稳定是广大农民的切身利益，要坚定不移地维护乡村社会的和谐稳定。乡村社会的和谐稳定是农民群众幸福安康的前提，是乡村振兴应有的内容，农民法治素养的提升有利于维护乡村社会的和谐稳定。农民法治观念的增强，积极遵守村规民约，可以减少矛盾的发生；或者是在矛盾发生后，能遵循法律的路径，妥善解决纠纷，防止事件的激化，避免事态的扩大。当前，随着互联网在农村的发展，一些网络犯罪为了逃避执法部门的打击，悄悄转战农村，乡村违法犯罪呈逐年增加的态势。因此，提升农民的法治素养，使其掌握基本的法律常识，有利于维护乡村社会的和谐稳定，保障文明平安乡村建设，让农村成为安居乐业的美丽家园。

(三) 农民法治素养的提升为乡村振兴战略提供法治保障

实施乡村振兴战略，是党的十九大作出的重大决策部署。为实施好乡村振兴战略这一重大工程，必须要用法治的手段来保障乡村振兴战略的顺利实施和有序推进。提升农民法治素养，有利于引导农民实现村民自治，提高农村社会法治化管理水平；有利于预防和减少乡村振兴过程中的社会矛盾，维护农民的切身利益；有利于引导农民加强对基层行政执法、司法的有效监督，确保行政、司法部门公开、公平依法办事，促进农村的民主法治建设，切实为乡村振兴战略提供法治保障。

案例：法律对"哄抢行为"说不

近日，"10吨猪肉在江苏盐城东台市境内因翻车遭哄抢"的消息引起舆论关注。据江苏省东台市公安局微信公众号消息，2020年8月4日凌晨4时许，一辆货车在江苏东台富安镇遭遇车祸后，散落一地的冷冻猪肉遭村民哄抢。据悉，车祸造成267箱猪肉遗失，目前共计损失28万多元。8月10日，东台市警方就该事件发布了警方通报，通报称：已追回部分遗失的猪肉，对涉嫌哄抢的违法人员，公安机关将依法严肃处理。（来源：澎湃新闻）

三、新时代农民法治素养培育的理论基础

理论是行动的指南。新时代农民法治素养培育作为一项特殊的实践活动，其要得以有效开展必须有正确理论的指导。经典马克思主义作家以及历代中国共产党领导人的相关论述是进行新时代农民法治素养培育的重要理论依据。

（一）马克思主义经典作家的相关论述

1. 马克思、恩格斯的相关思想

作为马克思主义的创始人，马克思、恩格斯虽未对农民法治素养培育这一问题展开直接论述，但马克思、恩格斯从唯物史观的基本原理出发对法的产生发展、本质、职能等问题进行了大量的论述。从法的产生发展来看，马克思主义创始人认为，法是随着阶级的出现而产生的，是私有制和阶级矛盾不可调和的产物和表现，也最终随着阶级的消灭而消灭。恩格斯指出："在社会发展某个很早的阶段，产生了这样的一种需要：

把每天重复着的产品生产、分配和交换用一个共同规则约束起来,借以使个人服从生产和交换的共同条件。这个规则首先表现为习惯,不久便成了法律。"[1]马克思、恩格斯还曾明确指出:"私法是与私有制同时从自然形成的共同体的解体过程中发展起来的。"[2]从法的本质来看,马克思主义创始人认为,法是由物质生活条件决定、表现统治阶级共同利益的国家意志,是国家意志和统治阶级共同意志的体现。他们指出:在一定社会经济关系中占统治地位的统治阶级"除了必须以国家的形式组织自己的力量外,他们还必须给予他们自己的由这些特定关系所决定的意志以国家意志即法律的一般表现形式"。[3]从法的职能来看,马克思指出,法的职能主要包括公共事务和政治统治两方面,资产阶级法律"完全同在专制国家中一样,在那里,政府的监督劳动和全面干涉包括两方面:既包括执行由一切社会的性质产生的各种公共事务,又包括由政府同人民大众相对立而产生的各种特殊职能"。[4]恩格斯进一步指明,法的政治职能需要以执行社会职能为基础。马克思去世后,恩格斯晚年还提出了一整套完整的法的相对独立性学说,强调了法作为一种上层建筑对经济基础可能产生的反作用。马克思、恩格斯还阐明了法所具有的自由、民主、人权、平等、正义等价值。

---

[1]《马克思恩格斯选集》(第3卷),人民出版社2012年版,第260页。
[2]《马克思恩格斯选集》(第1卷),人民出版社2012年版,第212页。
[3]《马克思恩格斯选集》(第3卷),人民出版社1974年版,第378页。
[4]《马克思恩格斯全集》(第25卷),人民出版社1974年版,第431~432页。

另外,马克思、恩格斯认为,由于小农生产方式和农村文化教育的落后,农民阶级具有分散性、落后性和保守性等特征,不能作为一个独立的阶级维护自己的利益,实现自己的解放。其需要无产阶级政党的教育引导才能抛弃传统观念和习俗。

2. 列宁的社会主义法制建设思想

列宁在继承马克思、恩格斯法律思想的基础上,在十月革命胜利后建立巩固俄国苏维埃政权的过程中对社会主义法制建设进行了一系列论述。首先,列宁强调无产阶级在建立国家以后必须建立自己的法律——社会主义法律,在制定社会主义法律的过程中既不能拒绝继承旧法的合理因素,也不能照抄、照搬旧法。在《就俄罗斯联邦民法典问题给俄共(布)中央政治局的信》中,列宁指出:"不要盲目抄袭资产阶级民法,而要按我们的法律精神对它作一系列的限制。"[1]其次,列宁强调在社会主义法制建设时必须坚持执政党领导立法、民主立法、法制统一等基本原则。在坚持执政党领导立法方面,列宁认为,党对立法工作的领导主要有两种:一是用党的政策指导法律,用法律的形式固定政策;二是党为立法机关的工作制定基本原则,对立法实行政治领导和监督。他指出,党的代表大会是不能制定法律的。在坚持民主立法方面,列宁强调:"要给每一个群众代表、每一个公民提供这样的条件,使他们既能参加国家法律的讨论,也能参加选举自己的代表,参加执行国家

---

[1]《列宁全集》(第42卷),人民出版社1987年版,第430~431页。

的法律。"[1]在坚持法制统一方面,列宁指出:"法制不能有卡卢加省的法制、喀山省的法制,而应是全俄统一的法制,甚至是全苏维埃共和国联邦统一的法制。"[2]最后,列宁强调法制应当得到最严格的遵守,而且法律的实施应主要依靠群众的自觉。列宁指出,法令虽然是正确的,如果强迫农民接受就不正确了,既然说必须自愿,那就是说,要说服农民,要通过实践说服农民,必须对群众特别是农民进行大量的教育工作。苏维埃法院不仅要惩治敌人,也承担教育居民参加国家管理、遵守劳动纪律的任务。它是恐吓与教育两种作用的统一。

(二) 中国化马克思主义法治思想

俄国十月革命之后,马克思主义开始传入中国。在中国共产党人不断将马克思主义基本原理和中国实际相结合的过程中,马克思主义中国化的进程得以不断深入。在这一进程中,马克思主义法学思想在中国经历了一个本土化实践和丰富的过程,中国共产党历代领导人对法治地位、作用、法治建设和法治教育等方面的认识不断深化,形成了独具特色的中国化马克思主义法治思想,这些思想对于中国特色社会主义法治建设、对于新时代农民法治素养培育具有重要的理论指导意义。

1. 树立社会主义法律权威的思想

中国共产党成立之后特别是新中国建立后,党的历代领导

---

[1]《列宁全集》(第34卷),人民出版社1985年版,第143页。
[2]《列宁选集》(第4卷),人民出版社2012年版,第702页。

人都对法治建设给予了高度关注，从不同方面、不同角度提出了树立社会主义法律权威的思想。毛泽东高度重视宪法的地位和作用，认为树立社会主义法律权威必须首先树立宪法的权威。他指出："一个团体要有一个章程，一个国家也要有一个章程，宪法就是一个总章程，是根本大法。"〔1〕毛泽东还进一步提出了必须重视法律权威尊严的思想。他认为，全体人民都要守法，违反法律就应该治罪，而且对领导干部更要从严治罪。周恩来也指出："我们的宪法和法律越有威力……人民的权利和利益就越有充分的保障，而人民的敌人就越要受到严厉的打击。"邓小平清楚地认识到传统政治体制下党政不分、以党代政的弊端，提出必须正确处理好党的领导和依法治国的关系，树立法律的权威。邓小平强调，党的领导主要是政治、思想和组织领导，党的政治领导的主要方式是把党的主张经过法定程序变成国家意志，同时党也必须在宪法和法律的范围内活动，党组织和党员要带头守法、自觉维护法律的权威和尊严。江泽民在十五大报告中首次提出了依法治国的基本方略，确立了建设社会主义法治国家的总目标。"依法治国，就是广大人民群众在党的领导下，依照宪法和法律规定，通过各种途径和形式管理国家事务，管理经济文化事业，管理社会事务，保证国家各项工作都依法进行，逐步实现社会主义民主的制度化、法律化。"〔2〕由此出发，江泽民强调，要依法维护法治的权威，维护宪法和法律的尊严，任何人、任何组织都没有超越宪法和

---

〔1〕《毛泽东文集》（第6卷），人民出版社1999年版，第328页。
〔2〕《江泽民文选》（第2卷），人民出版社2006年版，第28~29页。

法律的特权。进入 21 世纪以来,以胡锦涛同志为核心的党中央从党面临的新形势和新任务出发,提出"依法执政是新的历史条件下党执政的基本方式"。中国共产党"要坚持依法治国,领导立法、带头守法,保证执法,不断推进国家经济、政治、文化、社会生活的法制化、规范化",使依法治国和依法执政得到有机统一。党的十八大以来,以习近平同志为核心的党中央更是高度重视法治的作用,将法治提到了前所未有的地位,强调"法治是治国理政的基本方式",要"全面推进依法治国","实现国家各项工作的法治化"。习近平针对国家治理中重法律和尊道德的两难选择,鲜明地提出法治是治国理政的基本方式,德治是治国理政的重要方式,从而明确了法治和德治在国家治理中的各自地位和相互关系,也进一步明确了法律至高无上的权威作用。

2. 社会主义法治建设思想

在党的第一代中央领导集体中,董必武作为新中国法制建设的主要奠基人之一,在长期的政法工作实践中形成了丰富的法制建设思想。董必武首次提出了"有法可依,有法必依"的法制建设八字方针,提出依法办事的意义在于"其一,必须有法可依。这就促使我们要赶快把国家尚不完备的法规制定出来";"其二,有法必依。凡属已有明文规定的,必须确切地执行,按照规定办事;尤其一切司法机关,更应该严格地遵守,不许有任何违反"。[1]刘少奇也曾明确讲到:"国家工作中的

---

[1]《董必武政治法律文集》,法律出版社 1986 年版,第 487~488 页。

迫切任务之一，是着手系统地制定比较完备的法律，健全我们国家的法制。"邓小平在改革开放新时期着重强调发展社会主义民主必须和发展社会主义法制紧密结合起来，提出"为了保障人民民主，必须加强法制"，"我们的民主制度还有还多不完善的地方，要制定一系列的法律、法令和条例，使民主制度化、法律化"。邓小平在继承董必武所提出的法制建设八字方针的基础上增加了"执法必严，违法必究"，形成了"有法可依，有法必依，执法必严，违法必究"的法制建设十六字方针，阐明了立法、执法、司法诸环节的有机联系，将立法、执法和司法看成是相互依赖、相互促进的整体。江泽民在提出依法治国的战略思想的基础上，在法制建设上着重强调要实现党的领导和依法治国的统一，提出党的领导是依法治国和人民当家作主的根本保证；强调法制建设必须注意"推进司法改革，从制度上保证司法机关依法独立公正地行使审判权和检察权，建立冤案、错案责任追究制度"；强调依法治国必须与以德治国相结合。胡锦涛强调要"按照依法执政的基本要求，全面落实依法治国基本方略，建设社会主义法治国家"，要做好以下四点工作：第一，必须全面贯彻实施宪法，这是建设社会主义政治文明的一项根本任务，也是建设社会主义法治国家的一项基础性工作，要长期抓下去，坚持不懈地抓好。第二，必须形成中国特色社会主义法律体系。第三，必须坚持依法行政。第四，必须维护司法权威。习近平提出全面推进依法治国的战略任务，明确全面依法治国的总目标是建设中国特色社会主义法治体系，建设社会主义法治国家；明确全面依法治国的工作布局是坚持依法治国、依法执政、依法行政共同推进，坚持法治国家、法治政府、法治社会一体建设；明确全面依法治国的重点任务是科学立法、严格执法、公正司法和全民守法。

3. 法治教育思想

新中国建立后，董必武较早地认识到了法制教育的重要性，强调在人民民主政权建立之后，必须通过教育和引导，使人民群众了解人民民主法制的性质、内容，认识到新型的法制是维护人民群众利益的法制，是反映绝大多数人意志和为人民服务的法制，从而增强守法、信法的信念，拥护和遵守法律。他指出，要使人民群众守法，国家机关工作人员特别是领导者必须以身作则，"党必须注重法制教育，使党员知道国法和党纪同样是必须遵守的，不可违反的"。[1]对于普通民众，董必武认为，法学教育的重点在于培养他们的守法意识，和政治思想工作相比，过去对于群众的法律宣传教育是做得很不够的……因此，在提高群众政治觉悟的同时，还必须对群众加强法律的宣传教育，培养群众的守法思想。另外，董必武还强调要发挥公开审判的法制教育功能。

进入改革开放新时期，邓小平比较系统地提出了法制教育思想。他指出，在党政机关、军队、企业、学校和全体人民中，都必须加强纪律教育和法制教育。对于人们法制观念缺乏的原因，他指出："法制观念与人们的文化素质有关。现在这么多青年人犯罪，无法无天，没有顾忌，一个原因是文化素质

---

[1]《董必武政治法律文集》，法律出版社1986年版，第489页。

太低。所以，加强法制重要的是要进行教育，根本问题是教育人。"[1]针对法制教育的重点对象，他指出法制教育要从娃娃开始，小学、中学都要进行这个教育，社会上也要进行这个教育。对于提高人们法律意识的途径，他提出要加强专业的法学教育，兴办法律院校。江泽民强调坚持和实现依法治国必须重视加强法制教育，注重提高人们的法律意识和法制观念。江泽民指出："加强社会主义法制建设必须同时从两个方面着手，既要加强立法工作，不断健全和完善法制；又要加强普法教育，不断提高干部群众遵守法律、依法办事的素质和自觉性。二者缺一不可，任何时候都不可偏废。"[2]

党的十六大以来，胡锦涛总书记鲜明地提出了社会主义法治理念的命题，并且决定在全社会特别是全国政法战线开展社会主义法治理念教育。2006年4月29日，十届全国人大常委会第二十一次会议通过的关于法制宣传教育的决议指出，要通过在全体公民中实施法制宣传教育的第五个五年规划，"增强全体公民的社会主义法治理念和爱国意识、责任意识以及权利义务观念，培养全体公民自觉尊法、守法的行为习惯，保障和促进政治、经济、文化和社会建设"。同年10月，十六届六中全会强调要"树立社会主义法治理念，增强全社会法律意识"，"深入开展法制宣传教育，形成全体公民自觉学法守法用法的氛围"。

党的十八大以来，以习近平为核心的党中央从坚持和发展

---

[1]《邓小平文选》（第2卷），人民出版社1983年版，第163页。
[2]《江泽民文选》（第1卷），人民出版社2006年版，第513页。

中国特色社会主义的全局出发，鲜明地提出了全面依法治国的重大战略思想，并明确地指出了增强全民法治意识的重要性、基本内容以及方法路径等。习近平总书记强调，全面依法治国必须坚持科学立法、严格执法、公正司法和全民守法的统一，这是全面依法治国的重点任务和基本工作布局。推进全民守法，必须下大力气增强全民法治观念，因为"一切法律中最重要的法律，既不是刻在大理石上，也不是刻在铜表上，而是铭刻在公民的内心里"，强调了增强公民法治意识的重要性。习近平总书记在十八届四中全会第二次会议上指出要"使尊法、信法、守法、用法、护法成为全体人民的共同追求"；在省部级主要领导干部学习贯彻党的十八届四中全会精神全面推进依法治国专题研讨班上指出"领导干部要做尊法学法守法用法的模范"，为我们基本明确了法治意识培育的基本内容。习近平总书记强调，增强全民法治意识，必须深入开展法制宣传教育，引导人民群众遇事找法、解决问题靠法，这就为我们明确了培育全民法治意识的基本路径。他还进一步指出，引导人民群众树立和增强法治意识，"这需要一个过程，关键是要以实际行动让老百姓相信法不容情、法不阿贵，只要是合理合法的诉求，就能通过法律程序得到合理合法的结果"。[1]这一方面强调了增强全民法治意识的长期性和艰巨性，另一方面也指出了增强全民法治意识需要不断推进严格执法和公正司法。习近平总书记明确强调了法治宣传教育的两大重点对象——青少年

---

[1] 中共中央文献研究室编：《十八大以来重要文献选编》（上），中央文献出版社2014年版，第722页。

和领导干部,并指出"要坚持法治教育从娃娃抓起,把法治教育纳入国民教育体系"和"必须抓住领导干部这个'关键少数'"。[1]习近平总书记还进一步强调了全面依法治国的工作重点必须放在基层,指出要通过群众喜闻乐见的方式在基层进行普法宣传教育。

四、我国当前农民法治素养存在的问题及原因分析

虽然近年来农村普法教育逐步深入开展,农民也了解基本法律制度,对于国家的一些法律文件精神能够做较为全面的解读,成为农村法治的重要基础。但是,由于农村法治建设起步晚,农民传统观念相对落后,封建残余思想仍然存在,对外互通落后,法治观念整体不强,从而有碍于国家法律法规的推进和实施,不利于农民民主法治观念的树立,影响村民自治的进程。

(一)我国当前农民法治素养存在的问题

1. 法律知识缺乏

一个公民法律知识的储备程度反映了一个国家的法治化水平,这也是推进国家法治建设的重要基础。作为法治国家的公民必须要对基本法律制度有较为全面的了解,熟知法律赋予的权利和规定的义务。但是,当前农民对法律知识的了解非常少,只是清楚个大概,对具体内容缺乏了解,尤其是涉及自身权益的法律法规,如果不能加以了解和关注,一旦发生侵权行

---

[1] 中共中央文献研究室编:《十八大以来重要文献选编》(中),中央文献出版社2016年版,第184页。

为，就会无法维护自身的合法权益。再加上农民现有的生活方式和家庭单位，在经济、文化交往方面与外界相隔离，人们相互之间更多地依靠道德和习俗等农村伦理来进行社会关系调整。是否掌握一定的法律知识对农民的生活没有太大影响，即使是发生一些矛盾纠纷，也可以采取村干部或长辈协调的方式解决。一旦有人拿法律来解决问题，反而会被认为是不近人情、违背道德伦理。因此，许多农民在法律认识上存在不足，守法意识和权利意识淡薄。

2. 获取法律知识的渠道狭窄

"在农村，农民既不愿意去了解法律，也没有太多的经济能力去获取法律知识。农民了解外部世界的渠道很有限。"[1]当前，很多农民都是通过传播媒体的方式来获取法律知识的，其中最主要的媒介还是电视。许多电视台都会举办专门的法制频道来宣传法律，最有名的当属央视一台的《今日说法》栏目，该栏目已成为全国普法宣传的标志性电视栏目。由于农村的生活环境相对封闭，对外交流不畅通，信息接收比较滞后，更多的人是通过电视媒体来了解外界信息。造成这种状况的原因主要有两方面：一是农民本身文化水平不高，掌握的文化知识较少，无法通过报纸等方式理解法律知识，而电视媒体通过语音和画面的形式展现，更加通俗易懂；二是政府的普法宣传还不够全面、深入，下乡时间和频次较少，缺乏与农民的法律互动。

---

[1] 王晨光主编：《农村法制现状》，社会科学文献出版社2006年版，第155页。

3. 无讼意识根深蒂固

农民在维权过程中更多地采用向上级反映的形式,也就是说一旦发现自己的权益受到行政机关的损害,先是上访,而后才是采取诉讼的方式。这也是长期遗留下的传统思想,使得农民在处理这种纠纷时往往不习惯于通过诉讼渠道。一方面是由于长期的儒家"无讼"思想影响,提倡以和为贵,一旦出现诉讼就是不光彩的,会遭到村民的指指点点,影响正常生活。另一方面是农民对自身的法律知识了解不多,在遇到纠纷案件时,往往没有运用法律来解决纠纷的意识,对律师则是敬而远之。虽然现在农民的法律观念有所增强,但是仍然存在着厌讼思想。

4. 对法律不信任

法律是法治社会正常运行的具有权威性的行为规范,它对人们的行为举止作出了明确的规定,哪些是可以做的,哪些是不可以做的,都非常详细。任何公民都必须遵守法律,依法办事,并且法律面前人人平等,每个人都享有平等的权利和义务。但是,在农村地区,农民对法律还是持怀疑态度,认为法律是为国家服务的,不能为广大民众带来公平公正,尤其是在一些法律案件的处理上,让农民对法律的公正性产生怀疑。有些农民不相信法院会公正办案,在一些涉农涉公案件上,农民经常会有官官相护的思想。这种思想比较普遍,也是引发农民不信法的重要原因,因此导致他们在出现纠纷案件时不会采用诉讼形式,而是选择妥协处理。

5. 畏法意识广泛存在

中国有着几千年的封建传统文化,在历史上存在着严重的封建等级制度,过去农民生活在社会最底层,当官的就高高在上,存在着严重的官尊民卑思想。统治者往往采用高压的政策来进行国家管理,将法律看作是治民工具,导致出现长期以来中国社会的官本位思想,直到现在这种思想仍然存在。因此,会导致产生社会中的顺民,农民完全顺从于国家的法律制度,并且将法律与犯罪相关联,法律是被用来惩治坏人的,是被用来管理老百姓的。农民没有意识到法律对于自身的重要性,也不认为法律能够保护自己,从而很难主动去了解法律制度,维护法律尊严,只是简单地将法律定义为国家管理工具,再加上之前强调法律的专政功能,更是加深了人们对法律工具主义的印象,导致全社会法律信仰缺失,农民畏法意识广泛存在。

(二) 我国农村城镇化进程中农民法治素养薄弱的原因分析

1. 传统历史文化和政治统治的影响

中国有着几千年的封建历史,传统文化思想根深蒂固。我国是一个农业大国,农民占全国人口的大多数,其封建传统思想仍广泛存在。邓小平曾经说过,旧中国、旧社会缺乏足够的民主法制,留给我们更多的是封建传统思想。我国长期以来受儒家文化影响较大,同时法律本位思想影响着中国传统乡村的生活方式,并且随着社会的发展进步,传统农耕文明和现代城市文明相互碰撞,深深影响着农民的思想意识和生活秩序。具体来说表现在以下几个方面:

(1) 德治、礼治传统影响。儒家思想在人治社会中起着重要作用，在农村的治理方式上，主要以德治与礼治为主。所谓德治，是指依靠儒家传统思想来作为规范人们行为的准则。家庭之间、村民之间更多地通过自律来进行调节。并且，在这个过程中，儒家伦理思想逐渐深入人心，内化为指导人们行为约定俗成的社会规范，同时还会引导人们形成自觉信念，从而能够更好地维持乡村的运行秩序。在儒家思想中，德治是核心思想，主要强调在社会治理和国家发展中发挥道德教化的作用。在中国几千年的历史进程中，从"以德配天"到"德主刑辅"思想，一直到今天德治思想仍然发挥着重要影响。而礼治与德治是相辅相成的，是在人们的日常生活中所形成的约定习俗。并且，将自发形成的纲常伦理、尊卑长幼等规范逐步固化下来，形成制度，以此来维护社会秩序。礼治思想是自发形成的，是在乡村社会的生产生活实践中形成的社会规范，从本质上来说也是源于德治的。正如孔子所说："道之以政，齐之以刑，民免而无耻；道之以德，齐之以礼，有耻且格。"同时，儒家传统文化还促成了封建等级思想，家长思想、宗法意识较为严重，这些传统意识至今对农民还具有一定的影响。他们更多地服从上级领导，认为上级是对的，并且过多地以伦理作为重要考量，这样就会使农民内心对法治存在抵触，不利于现代法治建设。在当前的村民自治进程中，广大农民受传统意识影响较深，法治意识淡薄，重视认知而忽视法治，在处理问题和事情上更多地采用乡风习俗来解决，而不是采用法律来办事。并且，人们之间的关系比较缓和，遇到事情依赖熟人关系，过分依赖村干部和长辈的作用，而不是向上级或者法院反映。在这种情况下，极大地影响了村民诉讼意识的形成，过分依赖人情和伦理道德，讲究以和为贵，权大于法思想仍然存在，农民关注权力而忽视法治，从而弱化了法治作用。

（2）传统"义务本位"的思想严重。在传统思想中，法治强调的是义务本位。也就是说，人们只是有着对国家和统治者的服从义务，而没有权利。这就会导致臣民意识的形成，对农村社会的发展有着消极影响，也制约着农民主体权利意识的形成。尤其是在传统法律中，农民认识更多的是刑法，国家依靠刑法来维持国家统治，导致农民认为只要是违法就要坐牢，将法律等同于刑罚。只是将法律作为一种维系统治的工具，代表着制裁和威严，却忽视了法律也是要赋予农民权利的，没有凸显出权利保护功效，导致农民怕法、畏法、逃法、厌法，不会主动去学法、用法，从而影响了农民法治素养的提高。

（3）传统农耕文化的束缚。在中国传统文化中，农耕文化源远流长，农耕文化的产生与发展都与农村的经济社会发展息息相关。传统的农耕文化对于农民法治意识的提高有着消极影响。因为在小农经济生产的环境下，农民主要以土地为生，生产方式比较落后，日常生活相对保守，在长期的发展过程中，农村地区形成了约定俗成的内部规则，得到了广大农民的认可。也就是我们经常说的村规民约，其中也包含着人们对于民间文化的认知和对宗教礼法的遵从。在日常生活中，农民更多地依赖这些村规民约来处理事情。虽然村民自治过程中有法律制度的支持，但是农民往往会忽视法律制度，尤其是在少数民族和偏远地区，由于思想相对封闭保守，束缚着农民对现代法治的认知。

（4）革命意识和政治依赖的惯性影响。农村地区经历了较长的革命建设时期，在这一过程中，形成了独具特色的政治革命意识，农民的政治依赖性比较强，不利于法治意识的形成。在农村革命建设时期，在中国共产党的坚强领导下，广大农民积极行动，建立农村革命根据地，并且经过多次土地改革，农民得到了赖以生存的土地，革命意识空前高涨。最终，在党和全国人民的共同努力下，取得了翻身当家做主的胜利。新中国成立后，政府为了尽快改变农村的落后面貌，出台了一系列政策帮助农村发展，从农村合作社到人民公社，再到家庭集体承包责任制，政府权力逐步深入农村组织内部。但是，由于受到计划经济体制的影响，农村的管理运行自主性较差，更多的是依靠政府权力。广大农民能够信任政府决策并且将相关农村法律政策贯彻执行，在这个时期政治依赖起到了积极作用。随着农村经济体制的深化改革，政府在农村地区大力推进市场经济化，打破原有的计划经济体制，推动民主法治建设，因此原先的革命意识和政治依赖就显得过时了，不能适应农村的发展新形势，从而也就制约了农村地区的发展。因此，由于受政府政策和法律的影响，农民对行政权力是高度服从的，容易形成权大于法的思想，农民对法律比较忽视，而重视国家政策，倾向于依赖行政权力和国家政策来解决问题，对法律知识比较淡漠。因此，革命意识和政治依赖已经不能适应现在农村的发展形势，也要随之进行改革，从而提高农民的法治素养，服务农村发展。

2. 农村市场经济发展相对滞后

经济基础决定上层建筑，法治是属于上层建筑的内容，也要受到经济发展的约束。市场经济的快速发展为法治意识的形成和法治文化的建立提供了重要的物质基础。在市场经济中提倡平等自由、主体权利和契约意识，这与法治意识的内容是相通的。市场经济的发展程度决定着法治意识的程度，法治意识必须要在市场经济的基础上逐步形成，市场经济为法治意识的形成提供了持续动力和源泉。长期以来，农村经济比较滞后，与城市地区差距较大，农民的物质文化水平不高，相对保守封闭。

随着改革开放的深入推进，经济体制改革首当其冲，市场经济开始深入到农村地区，打破了原有的传统经济体制，农村经济快速发展，走上了致富发展的道路。但是，仍然与城市地区的经济发展存在较大差距，农村的市场观念和体系不完善，成熟度不高，并且不同农村地区的发展也是不平衡的。一些农村仍然停留在原有的计划经济阶段，用传统思维去发展农村经济，导致农村物质基础不够扎实。这就使得法治建设缺乏一定的物质基础，影响着农民法治意识的形成，尤其是村民法治自治意识的建立。还有一些农民仍然生活在贫困的边缘，以生存为第一需求，村民更关心的是经济收入能否解决温饱问题，对生存的渴望超过了法治诉求。在村民自治进程中，很多村民关注自治给他们带来的物质改变，对经济利益趋之若鹜，而忽视了基本的民主法治原则，就容易出现为了利益而侵权的现象。如果政府和自治组织所做的事情不涉及村民利益，那么就会缺

新时代农民素养培育研究

乏参与热情。例如,在基层民主选举中,很多进城务工人员并不关心村民选举,多数人都是代为投票,参与度大大降低,即使是村里的居民也缺乏较高的参与热情,还会存在违规拉选票的现象,没有发挥基层民主的作用。农民在民主正义、法治权利方面欠缺思考,这就导致了农村民主决策和管理的缺失,不能发挥最大作用。以上问题归根结底源于农村经济发展滞后,束缚着农民法治素养的提高。

3. 城乡二元体制的负面影响

由于长期受到城乡二元体制的制约,城乡之间的经济发展不平衡,造成了二元不平衡的现状。随着经济体制改革的深入,这种二元化问题更加突出,这也是导致三农问题的根本,对于提高农民法治素养,推进村民自治进程有着消极影响。并且引发了许多农村的社会问题,使得农村的各个方面与城市地区差距较大,尤其是在关系农民切身利益的医疗卫生、教育养老、就业保障等问题上,农村很难得到妥善解决。再加上农村人口的大量迁移,农村剩余的人口大多数是老幼和妇女,使得这种城乡之间发展更不平衡,村民自治面临一些困难,农民法治素养难以集中统一培养,缺乏稳定的社会制度环境。

4. 农村法制体系不健全的影响

建立完善的农村法制体系对于实现村民自治,提高农村法治化水平至关重要,也影响着农民法治素养的培养。当前,我们农村地区的一些农民法治意识比较淡薄,主要受限于农村法制体系的不健全,具体表现为:

第三章 新时代农民法治素养

（1）立法不足。有法可依是培养农民法治素养的重要基础，只有完善法律体系，才能提高农民法治意识，推进农村法治化进程。当前，我们正处于农村转型的重要时期，村民自治快速发展，在新农村建设中出现了一些新问题和新矛盾，但是国家的相关法律制度却无法解决这些新问题、新矛盾。一是我国目前关于农村地区的法律制度主要集中在经济和农村管理方面，在涉及农民的权益保障和救济方面缺乏相关立法，使得一旦出现相关问题，就无法用法律手段来解决，造成了对农民权益的侵害。二是目前农村的一些立法规定比较抽象，原则性比较强，这些立法的基础脱离了农村生产实践，更多的是上层的理论体系，农民无法很好地接受。尤其是农村的熟人社会特征，长期生活的稳定性使他们形成了约定俗成的心理认同，在关于事物的看法上趋于相同，价值取向相近，也更贴近乡风民俗。因此，目前的立法仍然需要加强，以农民生产生活实际为基础，将农村立法与村规民约相结合，提高立法效用，赢得农民的理解和认同，从而提高农民的法治素养。

（2）执法不规范。在农村实际管理过程中，经常会出现一些经济纠纷和村民自治问题，但是一些政府机关在处理这些问题时存在着执法不严的现象，在具体的法律规范运用上不适用，容易出现越权和违法执法现象。当前，我国基层执法人员的素质有待提高，干部自身素质不过硬，服务意识不强，对待农民的态度不够热情，官本位思想严重，经常会出现执法粗暴行为，不是依照法律规范办事，而是以传统的思维模式办事，甚至会以权压法和知法犯法。这些现象侵害了农民的合法权益，不利于村民自治运行，同时也不利于法治环境建设，农民对于执法印象不好，容易激发民众矛盾，也会引发群众性暴力事件，挫伤农民的法治信心，对于法治素养培养是非常不利的。

（3）司法救济薄弱。司法救济是法律体系中非常重要的一环，但是在村民自治过程中，司法救济未能发挥应有的作用，成了薄弱的一环。当前我国的司法体系还不够完善，在司法机构的设置上已经到了乡镇一级，但是乡镇一级的作用并未完全发挥。并且存在着司法不独立的现象，农村的法律体系不完善，相关法律规定欠缺，农民对于司法救济缺乏认知，导致基层司法机构无法发挥职能作用。即使是遇到一些司法案件，也会经常出现拒不接收的现象，以各种理由解决，使得农民在诉讼上受到很大侵害，挫伤了农民的司法信心。有些司法人员甚至贪污受贿，利用自己手中的权力办关系案，影响了农民的司法形象，法律威严大大降低，损害了法律公平正义原则，不利于对农民法治素养的培养。

（4）法律服务资源的短缺。在法律体系中，除了立法、司法和行政，政府机关和民间组织的法律服务资源不足，法律工作者短缺，法律人才不足，并且很多法律工作者的专业素质不高，在帮助农民解决法律问题方面比较欠缺。虽然一些基层组织设置了法律援助，但是并未发挥作用，很多都是空架子，并且受限于资金和人员素质，法律服务水平不高，能够直接服务广大村民的比较少。这样就会使得法律服务缺乏自主性和实践性，不能结合农民生产生活实践，为广大农民提供法律服务，导致农民一出现问题便协商解决，离法律比较远，影响法治素养的培养。

（5）村民自治制度本身不完善。村民自治需要农民的广泛参与，其中农民法治意识的提高对于促进村民自治有着重要影响。同时，如果村民自治制度不断完善和发展，也会有助于农民法治意识的提高。随着村民自治实践的发展，很多地方都呈现出了创新发展的特点，但是仍然与民主法治的要求存在差距，村民自治制度还需要完善。涉及农村发展的相关法律法规还比较缺乏，民主选举制度还不够成熟，流程不够规范，缺乏法律保障。

同时在民主监督方面也不够完善，关于村民自治的一些处罚机制更多的是流于形式，选举舞弊现象存在，挫伤了农村参与选举的热情和积极性，民主法治信心不足，不能很好地激发农民的主体权利意识。在一些民主管理和决策环节，本身制度不够完善、村民自治与乡镇行政管理之间存在矛盾、村两委的权限划分不清等问题都制约着村民自治的进程。尤其是在违法处理和监督管理方面，村民自治管理不清晰，在很多事务的处理上不能够依法办事，没有做到程序的合法合规。因此就会引发腐败行为，这样长久下去，对农民的思想意识会造成消极影响，不但损害了农民的权益，同时也阻碍了对农民法治意识的培养，使得农民缺乏法治信心，不能形成法律信任。因此，村民自治制度的不完善会影响农民法治素养的形成，不利于农村法治化进程。

5. 农村文化教育落后

农民法治素养的提高需要以农民整体素质的提高为基础，只有提高农民素质，才能够使农民在自治过程中养成法治意识，实现村民自治与主体权利的有效结合。村民自治的法治化是自治的更高层次要求，需要提高参与者的科学文化素质。但是，由于农村地区长期受经济落后影响，文化教育发展比较滞后，农村的教育资源不足，与城市教育相比有很大差距，尤其是在基础教育资源方面，农村的教育资源十分匮乏。随着国家九年义务教育的推进实施，农民的整体文化水平有了很大提高，文盲比例不断下降。但是，一些地区仍然存在着失学、辍学现象。在高等教育方面，农村孩子与城市孩子存在很大差别，农村孩子在接受教育质量、升学就业方面远不如城市孩子，并且很多农村孩子在外求学后就不愿意回到农村，造成人才流失。同时，在农村的普法宣传教育方面，政府做的也不到位，普法基础薄弱，农民在知识获得方面比较单一，途径有限，并且普法内容不能切近农民实际，只是一味地灌输和宣讲，很难收到好的效果。由于农民的文化教育水平比较低，加上传统文化思想的束缚，使得他们很难主动参与村民自治，对于村民自治的目的和意义不清楚，对于法律规定的权利缺乏认知，限制了农民法治素养的培养。

五、我国农村城镇化进程中培育农民法治素养的路径思考

（一）加强普法教育，增强农民法治意识

著名学者博登海默曾说过，法律是指导人们行动的指南，

在社会组织中，如果法律不能且无法为人所知，那么就失去了法律应有的作用，法律就是一纸空话。法律认知是形成法律信仰的前提和基础，如果对法律没有基本的认知和了解，那么便很难形成正确的法律信仰。这就需要加强普法教育宣传和法治教育宣传，从而帮助农民培养法治素养和树立法律信仰。

案例：普法宣传进乡村 法治意识入人心

为了深入开展"法律进乡村"活动，使普法工作走进千家万户，进一步提高广大农村群众的法律素质，切实解决农村农民学法、知法、懂法、守法难的问题，2019年11月6日，平桂区司法局、黄田司法所携手平桂区法律服务中心，结合"不忘初心·牢记使命"主题教育活动，深入黄田镇里宁村开展集中"法治宣传进乡村"活动，收到良好效果。

在活动现场，司法工作人员及驻村法律顾问律师向村民发放"法律进乡村"相关的宣传资料、宣传手袋以及宣传品，同时，由担任里宁村和"一村（社区）一法律顾问"的平桂区法律服务中心律师为村民答疑解惑，提供法律援助。活动中，工作人员共发放宣传资料135余份，法治宣传品80余份，现场接受群众对法律法规咨询20余人次。这次"法律进农村"活动，为农民朋友送去了法律知识，让"法律进乡村"活动深入农民心中，增强了学法用法的意识。群众纷纷表示，此次宣传活动，声势大、宣传内容多且贴近生活，贴近百姓切身利益，很有实用性，真正把服务送到了群众身边。

此次活动得到了该村群众的热烈响应，他们纷纷表示"法治宣传进乡村"活动接地气，听得懂、学得进、记得住，用得上，对他们的生活有很大帮助，希望此类活动以后可以持续深入地开展下去。"法治宣传进乡村"活动不仅增强了群众的法治观念和法律意识，也拉近了法律工作者与群众的距离，取得了较好的社会效果。（来源：平桂区人民政府网）

当前农村的普法活动虽然正在蓬勃开展，但是很多效果却不尽如人意，实效性不强，不过最起码使广大农民了解了基本的法律常识，起到了一定的作用。农民在接受法律的过程中不是自发主动的，在一定程度上还需要进行灌输式教育。当地政府在一些普法内容和方式上要注意力求改变，以争取普法活动达到最佳的效果。

1. 普法教育的内容和对象要有针对性，形式要灵活多样

第一，要突出农村普法重点，做到针对有效。普法教育要以农村的改革和发展为中心开展，全盘考虑稳定大局，突出普法重点，结合农村实际有针对性地开展普法教育。首先要明确普法教育的对象。有句话说得好："村看村，户看户，群众看的是党员和干部。"在村民自治过程中，党员干部发挥着重要作用，是村民自治的中坚力量。因此，普法教育应该首先针对农村地区的党员干部，只有他们增强法律意识，了解和掌握基本法律知识，提高依法办事水平，才能更好地服务乡村发展，才能做到为广大农民服务。并且，其对于引导农民学法用法有着积极作用，有助于改善农村的法治氛围。因此，必须要对党员干部开展针对性的普法宣传教育。其次，要突出普法的核心

内容，大力普及相关法律法规，尤其是涉及农民切身利益的基层民主建设的法律知识，对农业产业发展、土地流转和农产品教育方面的相关法律制度也要进行宣传。同时，要结合农村的重点工作开展，紧紧围绕农民关心的热点问题，以提高农民法治意识为目的，大力普及相关法律制度。要以农民的实际需求为出发点，以农民关心的民生问题为切入点，既达到普法宣传的教育目的，又做到服务广大群众，时刻将农民的实际问题放在心上，增强农民的法律意识，在普法效果上力求做到看得见、摸得着，让农民切切实实地感受到普法的作用。利用好政府开展的严打禁赌活动，以此为契机大力开展普法教育，做好法治宣传。教育、引导农民树立权利义务观念，按照法律法规办事，在涉及农民自身利益的问题上，帮助农民解决家庭和社会纠纷，村委组织也要依法处理村中事务，依法维护农民的合法权益，从而维护农村的和谐稳定。同时，还要紧紧围绕民主法治的政治核心，大力开展普法教育，以建设民主法治村为契机，贯彻村委组织法的主线要求，抓好"四议两公开"制度，保障农民的合法权益。要让广大农民做到学法、守法和用法，明确重要性，能够主动转变思想观念，做到"我要学法"。

第二，要在农村普法的方式方法上进行创新，增强实效性。任何工作的开展都必须要联系实际情况，农村普法教育也是如此。必须要做到结合农民的生产实践，深入到农民的日常生活中去，在普法时间上要避开农忙季节，不耽误农业生产。首先，要坚持传统的宣传方式，也就是将文艺和电影普法、媒介传播、法律咨询服务等群众喜闻乐见的形式结合起来，多进行案例分析和现身说法,让农民参与审判的现场旁听,通过这些生动、活泼的方式,可以将原先的抽象晦涩的法律条文转变为通俗易懂的形式,使农民真正能够听得懂、记得住、用得上。其次,要充分发挥现代传媒的作用,尤其是借助新媒体的力量进行法律传播。通过电视广播、网络通信和微信微博等方式,广泛传播法律知识,现代传媒具有覆盖面广、传播速度快和影响力大等特点,我们应充分利用好现代传媒的这一优势,提高普法宣传的科技含量,提升普法宣传效果。同时,要组织一系列的法治宣传教育活动,开展好农村地区的法制宣传月、12·4法制宣传周等主题活动。在一些新法律法规的出台生效日进行广泛宣传,要和政府机关的相关部门进行联合宣传,如工商税务以及国土安全等部门开展了专业性法律宣传,将农村地区的普法氛围调动起来。要发挥好农村的法律调节作用,维护农村的社会秩序,提前化解农村纠纷,做好农民的法律援助服务,围绕农村实际做到深入浅出,扩大法律服务和宣传教育的覆盖面,达到良好的宣传教育效果。

2. 加大国家对农村普法教育的投入力度

普法宣传教育的顺利开展离不开国家的大力支持,要想提高农村的普法效果,必须要由国家进行多方面的支持,才能确保普法的持久性。因为农村地区的各方面条件相对落后,普法教育工作不是一蹴而就的,是一项长期性工作,需要我们持续坚持才能出效果。因此,需要我们树立持久思想,不断巩固农村的普法阵地,推动普法宣传教育的持续开展。

首先,要建立完善的普法宣传网络,建立健全普法组织领导机构，领导要提起重视，上下级之间要做到互通，要派专人负责统筹安排，同时要给予经费支持。并且，要建立普法监督和检查机制，对之前的普法教育效果进行后续的追踪和调研，真正使普法能够有人抓、有人管。在司法建设上，不断普及乡镇司法所，赋予乡镇司法所更多职能，明确定位，发挥好普法宣传的排头兵作用。同时，还要将农村普法教育纳入考核体系，作为文明建设的重要环节来抓，真正将普法送到千家万户。

其次，要加强普法宣传队伍建设，提高普法宣传水平。队伍建设是普法效果的重要影响因素，因此要不断充实法律志愿者队伍，发掘现有的法律人才资源，让那些法律知识掌握较深、热心社会公众的老干部成为法律志愿者的主体，让他们现身说法，能取得更好的效果。充分发挥好乡镇司法所的作用，司法机关要为广大农民提供法律服务，建立帮扶结对制度，各机关要确立帮扶对象，经常性地下乡进行普法宣传，为广大农民提供法律咨询、纠纷调解等快捷式法律服务。还要建立城乡干部讲师团，以普法宣传为目的，根据划片的原则进村入户开展普法，要以农民的生产实际为出发点，明确两委的职责，选出人民调解员，牵头组织农民进行法律知识学习。各级领导干部也要充分发挥带头作用，在生产生活中身体力行，做到守法、用法。

最后，要加强普法基础设施建设。例如，在村民活动比较集中的地方设置普法宣传栏，借助村委会、小广场、村民活动中心等场所，定期更换宣传内容，其中要多宣传一些与农民生产生活实际相关的内容。其他职能部门也要抓准时机，针对不同时期的热点问题进行分类整理，突出热点问题，选取典型案例，整理成图画或者影像资料，做好普法宣传。

3. 农村普法教育要特别重视增强农民的权利意识

法律规定了农民应该享有的权利，法律是以权利的实现为核心的。如果法律中没有权利的要求，那么就不会产生法律需求，人们对于法律也就会比较淡漠。权利意识的形成不是单一式的，它与法律信仰相互关联，并呈现互动关系。增强农民的权利意识可以引发其对法律价值的思考，形成法律认同。同时，法律信仰的树立还可以帮助扩张农民的权利意识，从而提高其法治意识。

权利意识的产生源于近代一些思想先进的改革者的呐喊，他们追求自由平等，对权利意识提出了新的诉求。缺乏法律知识会让权利仅仅成为一张废纸，无法转化为现实权利。因此，要培养农民的法律信仰，通过这种方式唤醒农民的主体权利意识，引导农民注重自身权利的获得，尊重独立人格和自由利益。树立权利本位思想，使法律能够在农民心中有一席之地，激发他们的法律热情，从而逐步形成忠诚的法律信仰。因此，在普法宣传教育过程中，我们要重视农民权利意识，不能仅仅是简单地宣传制度和法规，只是进行宣传和说教，要把重点放在法律思想的传递上，将法律精神融于宣传内容中，培养农民形成真正的法律信仰，提高农民法治意识，推进城镇化进程。

(二) 完善法律体系，畅通农民维权渠道

随着农村经济的快速发展，我国农村社会发生了很大变化，社会矛盾层出不穷，利益多元化引发社会纠纷，侵权行为经常发生。在这种情况下,人们的维权需求不断增强,对于法律诉求越来越渴望。受限于农村经济的落后,一些农民在受到侵权伤害时,往往难以选择诉讼手段,因为诉讼成本相对较高,而且还要耗时费力,在这种情况下农民更多地选择私力救济。并且,一旦发生侵权行为,农民不一定都能依靠私力救济来解决,这时候进行维权就显得比较困难。

农民的文化水平不高,对于司法维权流程不熟悉,这就会影响农民的维权选择。农民知道得最多的一种维权方式可能就是上访,但是这种方式也存在一定阻碍。政府在上访问题上也非常谨慎,经常与农民因上访而斗智斗勇,并且也被媒体大量曝光,这体现了农民维权的艰辛与不易。因此,政府要不断拓宽农民维权渠道,完善立法、司法和行政,降低维权成本,妥善处理农村纠纷案件,维护农民的合法权益和农村社会的稳定。

1. 完善立法,让法律真正进入村民生活

当前,农村地区正在大力推进法治建设,要做到依法治村,必须要完善立法,建立健全农村立法体系,巩固群众基础。当前,我国涉农立法正在逐年增加,但仍存在一些问题,突出表现为立法指导思想与农民生产实际相脱离,法律制度很难融入村民自治,农民的法律认知不强,无法将法律认知上升为法律信仰,因此要大力加强农村立法。

首先,要完善农村各项法律法规,针对当前农村自治法律的缺陷进行有效弥补,在处理新问题新矛盾时做到有法可依。例如,在基层民主选举问题上要加强立法,因为在实际选举过程中容易出现违法违规现象，这些问题一旦出现是无法及时、有效地进行纠错和制裁的。同时，随着农村经济的快速发展，农村生产关系发生很大变化，这样就会出现一些新矛盾、新问题。还有涉及农民切身利益的土地征收、流转及产权确认方面的法律法规也亟须完善。因此，针对以上农村地区的法律缺失，要加强立法，逐步完善。

其次，要以农民的生产实际为基础，树立科学、合理的立法指导思想，在立法内容上应该更加务实，避免超前性和空虚性，让法做到亲和、可操作。同时，立法要考虑农民的主体地位，在立法时体现农民的情感和利益需求，切近农民心理需求，拉近与农民的距离，并且能够被农民广泛接受和运用。正如苏力先生所说："法律只要不以民情为基础，就总要处于不稳定的状态。"[1]

最后，要结合农村的法治现状进行法律制定，将农村的法治资源进行科学、有效的整合，加强吸收利用，将国家法律与乡风民俗结合起来，形成统一的社会规范，完善道德、法律和习俗内容，从而稳定社会秩序。村规民约是广大农民生产生活实践的产物，其中一些积极因素对于国家法律具有补充作用，因此要将村规民约中的积极内容融入国家法律，维护农村社会的公序良俗，从而更加贴近农村发展实际，得到农民的理解和认可。通过加强农村立法，使法律更加贴近农民生活实际，真正走进农民心中，提高农民法治意识，形成法治认同，有助于

---

[1] 苏力：《法治及其本土资源》，中国政法大学出版社1996年版，第156页。

指导村民自治实践。

案例：湖北宜都：村规民约立下去 文明乡风树起来

自湖北省宜都市"双基强化、三治融合"基层社会治理全省试点开展以来，村规民约已经成为宜都市基层自治管理的有效载体，155个村及社区广泛收集民意，结合实际全面修订完善村规民约。今年，结合村规民约（居民公约）的落实，全市建立家庭文明诚信档案，10万余户家庭有了自己的诚信积分，村规民约成为基层务实管用的"小宪法"，"约"出了文明新风尚。深秋时节，走进陆城街道尾笔村，一股文明新风扑面而来。推行村规民约，实行诚信积分制，狠刹人情风，尾笔村摸索出了一套可推广、可复制的基层社会治理"尾笔经验"，但就在2018年以前，村里人情风还屡禁不绝，过客宴请花样百出，让村民们不堪重负。

树文明新风，就要狠刹人情风。为了让村民实现自我管理、自我约束，在征求村民意见后，《尾笔村村规民约》赫然上墙，28条规定紧贴村民生活，并由党员及群众组成道德评议会，对村规民约执行情况进行民主评议，还在此基础上开发出家庭文明诚信档案管理信息系统，推出诚信积分制，村民的积分变化在这里一目了然。这一举措迅速收获成效，如今，尾笔村人情风得到有效治理，人与人之间清清白白交往，村民少了人情之累。

作为宜都市农村集体产权制度改革首个试点村，枝城镇龙王台村先行先试，将《村规民约百分制考核》与股份制分红挂钩，对所有村民的行为进行加减分考核，将"乡村文明建设"融入"村规民约"中的实践取得显著成效，不少村民也积极行动，为龙王台村的村风民风建设添砖加瓦。以前，不少村民在村路两旁乱搭乱建，不仅影响着村民出行，更存在着安全隐患，在村规民约实施后，村民李某付积极响应，主动带头拆除了自己的违建房屋，为该村的违建拆除起到了积极的示范带头作用，"要把村规民约继续发扬下去，以后碰到不够整洁的地方，我要带头处理，各家各户都自己在家看过村规民约，我也要贡献自己的一分力量"。

现在违建少了，道路两旁也"风清气爽"。大操大办、燃放烟花、燃烧秸秆等现象也在该村"销声匿迹"。

与此同时，"互联网+"家庭文明诚信档案的探索也在宜都市全面建设启动，通过建立市乡村三级信息平台，全市155个村及社区实现线上线下家庭文明诚信档案建设全覆盖，在市司法局和市政务数据局管理的家庭文明诚信档案信息中心，每个人的积分加减都一目了然，不仅可以适时更新信息，更能随时查阅利用。

通过全方位的家庭文明诚信体系建设，不仅促进了村规民约的实施落实，也让村民能够自觉遵守"软"约束，填补了德治与法治之间的"真空带"，约出了文明乡风的新气象，打开了基层治理的新局面。如今，村规民约已真正成为乡风文明的"助推器"、治理有效的"活化剂"，在基层社会治理中发挥着越来越大的作用。（来源：宜都文明网）

2. 规范纠正农村行政执法工作

当前,农村地区的行政执法存在不规范的现象,政府机关行政人员在处理一些事务时过多采用行政干预方式,而忽视了村民自治的自主性。因此,要加强各级行政执法人员的思想意识,在关系农民切身利益的问题处理上,要摒弃官僚主义作风,增强为民服务意识,纠正错误思想,明确自身定位,做到对农民负责。

要进一步规范执法流程,在行政执法过程中严格遵循流程办事,不能存在任意执法现象,使农民感受到执法人员的正规和公正。要做到以农民利益为重,改变以往的简单工作方式,避免出现以权压法的行为,体现公平公正,树立政府的良好形象。在政府行政执法的过程中还要打击各种违法乱纪行为,尤其是贪污腐败,必须要重点打击。

同时,要加强对执法人员的选拔,坚持德才兼备原则,并且进行定期的学习培养,着力提高他们的法治意识,并将其内化为思想意识,表现为执法行为的法治性。这样就能够逐步改变人们以往的执法认识,得到农民的认可和支持。在乡村治理方面,要结合农村生产实际,建立和完善监督机制,充分发挥基层人大代表的作用,对于执法人员的执法行为进行监督,及时解决各种纠纷,化解矛盾,解决农民的一般诉求,从而更好地保护农民权益,使农民对法律有信心,有利于提高农民的法治意识。

3. 司法有效深入乡村,加强权利的法律保障和救济

通过司法渠道寻求权利保障是最佳的渠道,也是在法治社

会中的最后一道屏障。当前,我国的司法制度还不够完善,尤其是在农村地区,农民的司法意识比较淡薄,对司法存在距离感,司法作用没有得到充分发挥。这使得农民的合法权益得不到有效保护,从而抑制了对农民法治意识的培养。以目前的基层司法现状来看,必须要完善司法体系,让司法保障走进农村。

首先,要保证司法的独立性,在村民自治过程中,基层政府的行政权与司法部门的司法权不能完全分离,并且出现行政权对司法权的干预,这就使得司法不能独立、公正运行。因此,基层司法部门要严格做到独立司法,不受基层行政权力的干扰。进一步明确行政部门与司法部门的职能划分,建立完善的监督体系,充分发挥好各自的职能,让广大农民看到司法的独立性,增强司法信心,维护法律的权威和农村的法治秩序。

其次,基层司法机关要充分行使司法权,逐步扩大乡镇法庭自主权,合理分配司法资源,提高司法效率。在我国目前的司法体系下,基层法院只是设置到县一级,乡镇法庭更多的是基层法院设在乡镇的司法机关联络部门,职能和权限比较小,很多都只是在名义上存在,并未发挥实效。因此,农民纠纷案件往往由县级法院审理,农民需往返奔波,很多当事人都因嫌麻烦而放弃了诉讼。因此,要赋予乡镇法庭更多的自主权,充分发挥司法职能作用,让司法深入乡村,做到因地制宜,及时解决各种案件诉求,更好地为农民提供法律援助,维护农民合法权益。

最后,要加强资金投入,合理配置人员,更好地发挥司法作用。当前，农村地区的司法运行效率较低，缺乏足够的资金保障，并且在人员配置上十分短缺，即使有业务素质也不过关，法治观念淡薄，对待司法公正的热情不高。在实际处理过程中，有些司法人员对待农民态度冷漠，处理案件时也是消极怠工，导致因为司法工作人员的素质较低和态度懈怠而产生大量长期未决的案件。并且，还存在司法腐败现象，这是我们面临的重要问题，这个问题不解决好，就无法真正做到司法公正。正如培根曾说过："一次不公的裁判比多次不平的举动为祸尤烈。因为这种不平的举动不过弄脏了水流，而不公的裁判则把水源败坏了。"因此，必须要保证司法的公正性，赢得农民的信仰。要完善农村司法队伍建设，提高队伍的整体业务素质和思想素质，加强职业道德教育，树立职业精神。要关注司法的实际运用，不能套用统一的司法模式，坚持原则性和灵活性相结合，结合农民实际情况和地域特色，在体现法律的权威性的同时，还能够让农民感受到法律的合情性，使他们体会法的情理，消除原有的畏法避法情绪，让农民能够认可、接受法律。此外，还要加强司法制度建设，尤其是要建立完善的监督机制，提高司法执行的有效率。在一些容易出现的法律责任方面要加强监督管理，提高整体办案质量。加强对司法办事流程的监督，对于破坏司法公平公正的行为要坚决制止，同司法腐败行为做斗争，确保司法公正，更好地维护法律尊严，使广大农民能够在良好的司法环境下获得法律救济，推进村民自治合法的有序进行，帮助农民逐步树立法律信任，提高法治素养。

4. 健全农村法律援助法律服务机制，提高法律服务水平

除了立法、司法和行政体制的健全和完善，还要进一步加强农村基层法律援助服务的运行机制，帮助农民掌握更多的法律知识，解决他们的法律疑问、法律咨询和化解矛盾纠纷。随着村民自治的快速推进，需要农民提升自我管理能力，尤其是在自我教育和服务方面必须要逐步加强，但是目前在这些方面还存在一些问题，农民缺乏足够的法律认知，在出现问题时不能得到有效帮助。因此就需要加强法律服务体系建设，为广大农民提供完善的法律援助和服务，着力向农村倾斜，解决农民的诉讼难问题。

案例：法援惠民生，荆州已受理农民工维权案件 50 余件

2020 年 10 月 21 日，记者从荆州市司法局了解到，荆州市自启动"法援惠民生，扶贫奔小康"品牌活动以来，通过发挥法律援助职能作用，让困难群众在受援路上"少跑路"，目前已受理涉及农民工维权案件 50 余件、开展扶贫活动 20 余场次、帮扶困难群众 80 余人次。2020 年 6 月，荆州市全面推行法律援助经济困难证明承诺制和申请法律援助一次性告知制度，并在全市范围内规范化建设法律援助中心驻劳动保障监察大队工作站，实行律师值班制度，为农民工开辟劳动保障维权和法律援助的"绿色通道"。全市各级法律援助机构到扶贫村开展走访慰问活动，对辖区内因疫致贫的劳动者、小微企业主、个体工商户及因疫返贫群众以及脱贫不稳定户、贫困边缘户等基本信息进行摸排，完善建立法律援助重点服务对象名

册、工作台账。

期间,荆州市各地相关部门还开展有针对性的特色宣传活动。荆州区法援中心结合农民工返岗复工时机,在荆州火车站开展法律援助宣传活动,提高其依法维权意识。沙市区法援中心联合住建、劳动监察等部门在建筑工地开展《保障农民工工资支付条例》普法宣传活动。公安县法援中心深入各类企业开展周末"不打烊"普法"零距离"宣传活动,并创新"互联网+法律援助"服务新模式。

下一步,荆州市各法律援助机构将深入广泛开展该品牌活动,组织开展送法进乡镇、进单位、进企业等活动,并结合公共法律服务进园区进企业活动,做好法律援助宣传工作。同时,进一步完善法援驻劳动监察工作站工作制度、工作流程,以便更好地服务农民工。(来源:楚网)

维护农民的权益要坚持人人平等的原则,不能以金钱作为维权的分界线,坚持正确的法治取向和法治精神。政府必须要发挥主动作用,健全法律服务体系,坚持为农民服务的原则,要加大财政支持,合理调配资金,加强农村地区法律援助的机构设置,扩大法律服务社会影响力,同时还要加强人员配备,让基层司法所的工作人员充分发挥法律服务作用,在农村设置专门的法律援助机构,选拔一批优秀的法律工作者到农村进行定期宣讲,及时解决农民生产生活中的矛盾纠纷。在这一过程中,政府要解决他们的活动经费和生活保障问题,并且要求他们树立为民服务意识,提高自身职业道德素养,提升业务能力，对于涉及民生的诉求要及时解决处理。不定期地深入农民生活中，主动询问农民的法律问题，并对相关问题作出正确、专业的解答，获得农民的信任和认可。

村委干部在行使自治权的过程中难免会存在一些问题，这就需要法律工作者充当好法律顾问的角色，对于村民自治过程中的法律问题进行及时解答，为村委干部提供专业的法律服务。真正做到让农民感受切身利益，实现村民自治的有效运行，保护农民的合法权益，发挥好法律救济作用，让法律成为农民生活的必需，从而逐步提高公民的法治意识。

（三）发展农村教育，提高农民文化素质

当前，我国农民的整体素质偏低，在民主法治建设过程中主动性不强，因此必须要大力发展农村教育，尤其是基础教育和职业教育，不断提高农民的文化素质，从而为农民法治意识的提高提供文化支撑。

1. 抓好农村基础教育

基础教育是整个教育体系中的重要环节，提高农民法治意识就要从基础教育着手，不断提高农民科学文化素质，培养农民法治素养。当前，我国的基础教育主要采取九年义务教育的方式，从根本上来说，这是提高农民素质、发展农村经济的重要环节。国家要大力推进农村基础教育，加大资金投入，尤其是偏远地区的农村教育，更要加强关注。目前，国家已经免除了农村义务教育阶段学生的学杂费，并出台一系列政策支持农村教育（如贫困家庭补助、免费教科书等），这些政策的出台推动了农村基础教育的发展，提高了农民文化素质，文盲比例大大降低。由于受城乡二元发展体制的影响，城乡之间的教育资源分配不合理，农村地区在基础社会建设、教育经费投入及师资队伍建设等方面还比较落后，与城市地区相差甚远。因此，国家必须要重视农村基础教育，大力推进农村教育发展，通过出台相关政策法规，逐步调整二元体制问题，建立健全教育经费保障体制，改善教学条件，促使城乡教育资源合理流动，加强师资队伍建设，提高农村教育办学质量，从而为提高农民法治意识打好基础。

2. 开展农村特色教育

虽然农村教育相对落后，但是在义务教育阶段，城乡教育课程是统一的，没有做特别区分，因此需要结合农村实际，开展特色教育。

第一，在农村教育的初中义务教育阶段，增设相关的基础法律课程，结合村民自治实践增加关于民主法治的相关法律法规。首先，要组织熟悉农村实际，对农村法律法规有深入了解的法学专家教授，统一编写农村的法律基础课程；其次，要实现农村教师的定期流动，选拔优秀的农村教师进行法律知识培训，掌握法律知识课程的内容，明确目标定位，提高农村教师法律水平，使其在实际教学中能够有扎实的理论功底做支撑，保证教学质量；再次，要开设相关的农村法律基础课程，密切联系农村实际，激发学生的学习兴趣；最后，要通过农村基础法律课程的学习使相关法律法规深入民心，启蒙学生的民主法治意识，为农民整体法治意识的提升打好基础。

第二，加强农村职业教育发展，关注农村学生的技能培训，而不是一味追求升学率。由于一部分农村学生不能进入到高一级学习阶段，因此就需要加强对这部分学生的职业教育。在当前的农村职高专业设置上，更多的是与城市发展需求相契合的专业，可以让学生毕业之后尽快适应城市工作环境，增加就业机会。但是，针对农村留守学生的农业相关技能培训却相对缺乏，使得他们没有掌握农业生产技术。很多年轻的农民都希望能够进城务工，找到一份好工作，在职业高中阶段对专业选择尤为关注，希望能有一技之长，导致这些学生一毕业就进城，农村青年大量流失。因此，要摆正思想，正确认识农村基础教育，转变以往的教育观念，大力发展素质教育，坚持理论联系实际的原则，逐步改革职业高中教学课程，创新教育方式，以提高农民整体知识水平和技能为目标，开设相应的农业技能培训。并且，国家要加大资金投入，对于学习农业技能的学生给予财政补贴，减免学杂费，在毕业后的农业就业方面给予政策支持，从而促使更多的年轻学生学习农业技能，并且把所学知识运用到生产实践之中，也可以培养出一批优秀的技术型人才，更好地推进农村的生产发展。

（四）弘扬乡风文明，加强法治环境建设

受长期封建思想的影响，农村地区的人治思想十分严重，我国正处于社会转型期，传统社会向现代社会转变，在这一过程中要充分发挥政府的主导作用，将传统优秀文化进行吸收整合，学习和借鉴优秀的国外经验，不断完善我国的法律制度，真正在实践中做到严格执法、公正司法。结合农村的生产实践，积极开展法律宣传活动，逐步培养农民法治意识，从而改善农村法治环境，推进城镇化建设。

1. 立足农村实际，创新普法形式

加快普法进程任何工作的开展都必须联系实际情况，农村普法教育也是如此。必须要做到结合农民的生产实践，深入到农民的日常生活之中，在普法时间上要避开农忙季节，不耽误农业生产。并且，要做好重点对象的选择，尤其是青年群体和外出务工人员，要利用好这部分人群的返乡假期，做好普法宣传活动。同时，还要考虑不同地区农民的文化差异问题，将文艺和电影普法、媒介传播、法律咨询服务等群众喜闻乐见的形式结合起来，多进行案例分析和现身说法，让农民参与审判的现场旁听。通过这些生动活泼的方式，将原先的抽象晦涩的法律条文转变为通俗易懂的形式，真正使农民能够听得懂、记得住、用得上。

2. 发展农村社会文化事业，改善农村人文环境

大力发展农村文化事业，可以帮助我们改善农村人文环境，提高农民的文化素养，对于培养农民法治意识。推进城镇化建设有着积极作用。

首先，要以农村经济建设为基础，不断促进农民增收，改善农民生活水平。由于我国目前的农业发展较为落后，农业生产力低下，农民更多地依靠土地获得收入，收入水平不高，在基本生活水平不能达到基本要求的情况下，会抑制农民的文化需求。因此，要大力发展农村经济，实现规模化、产业化经营，不断提高农民收入，先解决农民的基本生活问题，然后再激发农民的精神文化需求。加大对农业产业的调整，不断拓宽

农民增收渠道，发展特色农业和高附加值农业，同时还要加强农村基础设施建设，不断提高农民消费能力，尤其是文化消费能力。

其次，要大力弘扬农村优秀文化，加强文化传播，引导农民树立正确的文化观。政府部门要高度重视农民的文化需求，从农村实际出发，调动农民积极性，引导他们树立正确的文化价值观，正确看待多元文化碰撞，顺应时代的文化需求。一方面，要不断拓宽农民的信息渠道，打破原有的封闭环境，让农民能够快速接触国家的惠民政策和信息，及时掌握新的农业科技成果，激发建设新城镇的热情；另一方面，要完善农村公共设施建设，大力推进政府的"村村通"工程，让每家每户都能用上有线广播电视，同时要建设村文化室，形成完备的公共服务体系，满足农民的精神文化需求。此外，还要加强农村文化管理，将农村文化建设纳入整体规划建设，不断完善农村文化事业，促进农村文化产业发展，健全和完善公共文化设施，打击非法文化活动。对于不符合社会发展的乡村文化要及时消除，充分发挥先进文化的引导作用。

最后，要不断提升政府的扶持力度，合理配置文化资源，在文化设施的投入上要逐步增加，政府的惠农政策要落到实处，向文化建设倾斜。要保证资金投入到位，才能加强基础设施建设（比如乡村文化室图书馆、卫生服务站等），这些与农民的精神文化需求息息相关。同时还要开展形式多样的文化活动，不断满足农民的文化需求，既要对优秀传统文化进行宣传，又要创新改革，优化农村法治环境。

(五) 拓展传播渠道，提升法治宣传效果

农村地区是我国法治建设的薄弱地区，需要我们加强农村法治建设，不断进行法律传播，推动法治建设。在法律传播过程中要推动法律法规的出台，选择良好的法律传播信息，在法律传播的内容上要进行筛选，以农村法治化为大背景，结合不同地区、不同情况，不断拓展传播渠道，提升法治宣传效果。

1. 要把农村法律传播置于依法治国的大背景下

法治是衡量一个国家民主政治水平的重要内容，我国将依法治国定为国家的战略方针，是适应社会发展需求的必然选择。农村地区的法律传播也要依靠依法治国的基本方略。因此，我们要坚持依法治国这条主线，置身于这个大背景之下，任何时候都不能有所偏离，否则就难以达到应有的目的。也就是说，我们在具体进行法律传播时要结合农村实际，传播相关法律知识，及时让农民掌握最新的农业农村信息，传播基本法律常识，提高农民法治意识。同时，还要传播国家的法治信息和法治思想，培养农民的法治意识，提高法治素养。

2. 要充分考虑对农村法治建设主体的法治素养培育

法治国家的主体是人民群众，这是民主法治国家的重要标志。在我国，推动法治建设的主体就是人民群众。农村人口占全国人口的大多数，在推动法治化进程中起到主导作用。因此必须要促使广大农民形成法治意识，这是实现法治国家的前提之一。由于受封建传统思想的影响，农民历来习惯于服从，也就是法律制度下的顺民。农民已经习惯了被动式的管理方式，把自己的命运交给统治者，缺乏权利意识，不敢用法律维护自

身利益。这样的话就会导致权力滥用现象，从而极大地挑战法律的公正性和权威性。正如柏拉图所说，法治化的过程是法律逐步完善、获得神圣权威的过程。如果一个国家失去了法律权威，那么这个国家迟早会灭亡。因此，必须要提高农民法治意识，否则无法实现农村的法治化。随着改革开放的推进，村民自治制度应运而生，农村地区的社会秩序发生了很大变化，逐步向法治秩序过渡。在传播法律制度的同时，要加强对农民法治素养的培养，帮助农民形成主体意识，提高法治能力。

3. 针对不同区域、不同群体，传播的法律信息要有区分度

由于我国人口众多，地域广阔，因此不同民族和地域之间的农村发展水平是不一致的，存在不平衡性。农民在法律诉求方面具有很大差异性。如平原地区和山区的农民，发达地区和欠发达地区的农民，都各不相同。因此，在进行法律传播时，既要考虑基本法律知识的普及，还要结合不同地区的差异性进行有针对性的法律传播。如必须及时向农民传播一些关系农民切身利益的法律条文，从而激发农民法治热情，提高农民的法治素养，最终服务于城镇化建设。

当前，在法治中国建设稳步推进的时代背景下，农民法治素养的培育对于推进法治中国建设的历史进程具有深刻影响。面对全面推进依法治国这一重大法治议程，农民法治素养的发展在很大程度上反映了当代中国法治运行的基本状况。应当看到，中国城乡经济发展处于不平衡的现实状况，基于此，城乡法治发展同样存在不充分、不平衡的区域差异性。诚然，农民法治素养的提升仍有诸多需要改进的问题，需要整合国家法治

与区域差异并统一于新时代法治社会。对于当前转型期的农村法治，应从经济基础、主体意识、民主政治、法律文化等方面深入分析，始终本着从中国国情实际条件出发、坚持自主创新型改革发展道路的精神探寻解决困境的方案，深刻认识当代农民法治素养的现实特点，积极推进农村法治发展的区域分析与差异化研究，深入总结中国农民法治素养培育的经验教训，强化农村主体法治意识，不断提升农村治理体系与巩固基层政权，以期实现新时代农村法治建设现代化的宏伟愿景。

新时代农民科学素养

科学素养是公民素养的重要组成部分,公民的科学素养反映了一个国家或地区的"软实力"。没有全民科学素养的普遍提高,就难以建立起具有高素养的创新大军,难以实现科技成果的快速转化。提升新时代农民科学素养对推进乡村振兴具有重大的意义。

一、科学素养的内涵

(一)科学素养的含义

什么是科学素养?对公民科学素养含义的理解和表述,随着社会和经济的发展不断变化而更新,而且有着深厚的时代背景。如今,对科学素养的研究尚处于研究完善阶段,还没有形成统一、广泛认可的表述。代表性的表述主要有:

(1)国际经济合作组织(OECD)认为,科学素养是运用科学知识,确定问题和作出具有证据的结论,以便对自然世界和通过人类活动对自然世界的改变进行理解和作出决定的能力。

第四章 新时代农民科学素养

（2）国际学生科学素养测试大纲（PISA）提出，科学素养的测试应该由三个方面组成：科学基本观念、科学实践过程、科学场景，在测试范围上由科学知识、科学研究的过程和科学对社会的作用三个方面组成。

（3）美国学者米勒认为，公众科学素养由相互关联的三部分组成：科学知识、科学方法和科学对社会的作用，具体而言，具有足够的可以阅读报刊上各种不同科学观点的词汇量和理解科学技术术语的能力、理解科学探究过程的能力、关于科学技术对人类生活和工作所产生的影响的认识能力。

（4）欧盟国家科学素质调查领导人J·杜兰特认为，科学素养由三部分组成：理解基本科学观点、理解科学方法、理解科学研究机构的功能。

国际上普遍将公民科学素养概括为三个组成部分，即对于科学知识达到基本的了解程度；对科学的研究过程和方法达到基本的了解程度；对于科学技术对社会和个人所产生的影响达到基本的了解程度。只有在上述三个方面都达到要求者才算具备基本科学素养的公众。目前，各国在测度本国公众科学素养时普遍采用这个标准，我国也采用这一标准。

（二）科学素养的基本内容

一般来讲，科学素养包含以下几个方面的内容：

1. 科技知识

科技知识是人类在认识自然、征服自然和改造自然过程中沉淀下来的智力成果。由诸多科技用语、基本概念、基本原理、基本规律等组成，是人类世世代代积累和传递下来的宝贵遗产。在现代社会，掌握基本科技知识是公民生存和发展的必要前提，是社会对其成员的基本要求。很难想象，一个缺乏基本科技知识的人能很好地适应社会和积极地推动社会的发展。

2. 科技能力

区域科技能力是当前研究的热点，它指一个区域在科技资源投入、科技成果产出、科技对社会的贡献方面所具有的综合实力。但是，对个体而言，包含哪些内容尚无统一认识。笔者认为，个体科技能力主要指个体的学习、应用和创新能力。现代社会日新月异，科技发展一日千里，个体对科技新知的学习、掌握与应用越迅速、越全面，越能适应社会的不断变化，越可能在此基础上形成一定的创新能力，取得创造性的成果。

3. 科学方法

所谓科学方法，是人们探索求知、获取知识的途径和程序。它既是认知主体的主观手段和有效工具，又是客观规律的反映和应用。现代公民应知晓和掌握基本的科学方法并积极加以学习和运用。科学方法是通往真理的必要途径，是检验伪科学以及邪教迷信的有力手段。

4. 科技意识

作为社会意识的一种，科技意识是人们关于科技的心理、情感、知识和观点的总和。主要指个体对科技的作用和价值的认识与重视程度，尤其是关于科技对社会、对个人所产生的影响的了解和重视程度。

5. 科技品质

科技品质包括科学立场、科学态度、科学精神、科学作风等。简单地讲,科技品质主要指的是实事求是、自觉尊重和严格遵循客观规律,按客观规律办事,勇于探索和创新的品质。

公民科学素养五大要素构成了一个相互联系、相互影响的有机整体。其中,科技知识是基础,具有一定科技知识是增强科技意识、掌握科学方法的前提;科技知识的内化和升华有利于逐步形成个体的科技能力。科技品质是科学素养的核心,科学研究中蕴含着丰富多样的科学精神,充满追求真理、崇尚道德、积极进取的态度与价值观,是真善美的体现。科技品质是促进科技发展的精神动力。

(三) 科学素养的作用

马克思对科学技术的伟大历史作用做过精辟而形象的概括,认为科学是"历史的有力的杠杆",是"最高意义上的革命力量"。[1]近代以来,科技革命极大地推动了社会历史的进步。发生在18世纪70年代,以蒸汽机的发明为主要标志的科技革命,推动西欧国家相继完成了第一次产业革命,使资本主义生产迅速过渡到机器大工业,为资本主义生产方式的确立奠定了物质基础。发生在19世纪末20世纪初,以电力的发明为标志的科技革命,使电力取代蒸汽机成为新的动力,社会生产力又一次得到迅猛发展。20世纪中期以后出现的以原子能的利用、电子计算机和空间技术的发展为主要标志,特别是以信息技术、新材料、新能源、生物工程、海洋工程等高科技的出现为主要标志的科技革命,使人类进入了互联网、智能化、数字

---

[1]《马克思恩格斯全集》(第19卷),人民出版社1963年版,第372页。

化的时代，推动了由工业经济形态向信息社会或知识经济形态的过渡。每一次科技革命，都不同程度地引起了生产方式、生活方式和思维方式的深刻变化和社会的巨大进步。科学技术是社会发展的重要动力，当今世界科学技术突飞猛进，一个国家、一个民族若能在科学技术上不断进取，就有可能实现社会经济的跨越式发展。因此，一个国家的科学技术水平关乎一个国家的综合国力。

在科学技术正日益深刻影响我们生活的今天，一个人的科学素养的高低，绝不是无关紧要的，已经开始影响到一个现代社会中的人的生活质量，同时也在不断影响和改变国民的价值观和对许多问题的看法。未来各级政府的任何与科学技术有关的政策都要在公众理解的基础上才能实现决策的民主化和公开化。随着科学技术的发展，今后需要有效地借鉴科学技术知识才能得以解决的公共政策问题越来越多，科学技术决策的民主化进程与公众科学素养水平提高的进度具有密切的相关性。对科学方法的了解关乎人的综合素质。卡尔·萨根说过："科学方法似乎毫无趣味、很难理解，但是它比科学上的发现要重要得多。"国际科普理论学者认为，科学方法是科学素养中最重要的内容。公众理解科学，最重要的就是要理解科学方法并应用这些科学方法解决自己生活和工作中的各种问题。在现实生活中，一些人的盲从行为，也与缺乏科学方法有关。

综上所述，科学素养是公民素养的重要组成部分，公民的科学素养反映了一个国家或地区的"软实力"，从根本上制约着自主创新能力的提高和经济、社会的发展。提高公民科学素养,对于增强公民获取和运用科技知识的能力、改善生活质量、实现全面发展,对于提高国家自主创新能力、建设创新型国家、实现经济社会全面协调可持续发展都具有十分重要的意义。

二、提高新时代农民的科学精神

(一) 当前我国公民科学素养的现状

为深入推动《全民科学素质行动计划纲要》实施,2018年中国科协组织开展了第十次中国公民科学素质抽样调查。2018年9月18日上午,新时代公众科学素质评估评价专题论坛暨第25届全国科普理论研讨会发布了第十次中国公民科学素质调查的主要结果。调查范围覆盖我国31个省、自治区、直辖市和新疆生产建设兵团的18岁至69岁公民,设计样本量60 600份,回收有效样本60 177份。调查结果显示:我国公民的科学素质水平快速提升,2018年我国公民具备科学素质的比例达到8.47%,比2015年的6.20%提高的2.27%。

调查显示:我国各地区公民科学素质水平大幅增长,上海、北京公民的科学素质水平超过了20%,天津、江苏、浙江和广东超过了10%,上述省市和山东、福建、湖北、辽宁共10个省市超过全国平均水平。城乡和性别科学素质发展不平衡状况有所缓解,"十三五"以来,城乡差距缩小了0.67%,性别差距缩小了0.75%。互联网对公民科学素质提升发挥着越来越重要的作用,我国公民每天通过互联网及移动互联网获取科技信息的比例高达64.6%,除电视外远超其他传统媒体。公民对科学技术持积极支持态度,科学技术职业在我国公民心目中声望较高,科学家、教师、医生和工程师的职业声望和职业期望均排在前五位。

调查还显示:我国农村居民、女性公众的科学素质水平提升速度更快。比如,我国城镇居民具备科学素质的比例达到了11.55%,比2015年提高了1.83%;而农村居民具备科学素质的比例为4.93%,比2015年提高了2.5%,增幅高于城镇居民。[1]

根据第十次中国公民科学素质的调查结果,我国公民科学素养的现状可被归纳为以下几个方面:一是总体上公民科学素养水平逐渐提高,但与发达国家相比还有较大差距。二是不同群体表现出明显的群体差异。较低年龄段高于较高年龄段,受教育程度越高整体水平越高,城市公民高于农村。三是公民科学素养水平的变化显示,科学素养较低的群体的水平有较快提高,特别是受教育水平较低(指受初中教育)和农村公民科学素养整体水平提高的幅度较大,对公民整体科学素养提高影响显著。四是公民对科学研究的过程和方法理解水平较低,公民科学精神比较欠缺,还存在大量相信封建迷信的公民。

(二)科学精神的含义

科学精神是指科学实现其社会文化职能的重要形式,是科学文化的主要内容之一。包括自然科学发展所形成的优良传统、认知方式、行为规范和价值取向。集中表现在:主张科学

---

[1] "第十次中国公民科学素质调查结果公布",载中国科普研究所网:http://www.crsp.org.cn/index.html,2018年9月18日访问。

认识来源于实践，实践是检验科学认识真理性的标准和认识发展的动力；重视以定性分析和定量分析作为科学认识的一种方法；倡导科学无国界，科学是不断发展的开放体系，不承认终极真理；主张科学的自由探索，在真理面前一律平等，对不同意见采取宽容态度，不迷信权威；提倡怀疑、批判、不断创新进取的精神。

科学的整体架构主要由科学知识、科学思想、科学方法和科学精神构成。无论是科学知识和科学方法的发展，还是科学理论和科学思想的发展，都离不开科学精神。科学精神在整个科学架构中居于统帅和核心地位，是科学的灵魂。科学精神的内涵大致包括以下几个方面：

第一，实证求真精神。科学精神强调实践是检验真理的唯一标准，科学概念和科学理论必须是可证实和可证伪的。所有的研究、陈述、见解和论断，不仅都需要进行实验验证或逻辑论证，还都需要经受社会实践和历史的检验。第二，理性求知精神。科学精神主张世界的客观性和可理解性，认为世界是可知的，可以通过科学实验和逻辑推理等理性方法来认知和描述；坚持用物质世界自身解释物质世界，反对任何超自然的存在。第三，质疑批判精神。科学精神鼓励理性质疑和批判。科学不承认有任何亘古不变的教条，即使是那些得到公认的理论也不应成为束缚甚至禁锢思想的教条，而应作为进一步探索研究的起点。理论上的创新往往是建立在对现有理论的怀疑基础上的。这一精神要求不唯上、不唯书、只唯实，真理面前人人平等。第四，开拓创新精神。科学精神崇尚开拓创新，既尊重已有认识,更鼓励发现和创造新知识,鼓励知识的创造性应用。创新是科学得以不断发展的精神动力和源泉,是科学精神的本质与核心。习近平在十九大报告中指出,创新是引领发展的第一动力,是建设现代化经济体系的战略支撑。

科学精神是公民科学素养的重要组成部分。2007年,胡锦涛同志在看望出席全国政协十届五次会议的委员时曾说,创新型国家应该是科学精神蔚然成风的国家。科学精神是一个国家繁荣富强、一个民族进步兴盛必不可少的精神。要在全社会广泛弘扬科学精神,加强科学知识的宣传教育,大力加强科普工作,使全社会真正形成讲科学、爱科学、学科学、用科学的良好风尚。因此,在广大农民中普及科学知识、树立科学意识、培养科学精神具有重要的意义。

(三)提高新时代农民的科学精神

习近平在十九大报告中指出,弘扬科学精神,普及科学知识,开展移风易俗、弘扬时代新风行动,抵制腐朽落后文化侵蚀。科学精神是人类文明中最宝贵的精神财富,它是在人类文明进程当中逐步发展形成的。科学精神源于近代科学的求知求真精神和理性与实证传统,随着科学实践的不断发展,其内涵不断丰富。科学精神集中体现为追求真理,崇尚创新,尊重实践,弘扬理性。科学精神倡导不懈追求真理的信念和捍卫真理的勇气。科学精神鼓励发现和创造新的知识,鼓励知识的创造性应用,尊重已有认识,崇尚理性质疑。科学精神的本质特征是倡导追求真理,鼓励创新,崇尚理性质疑,恪守严谨、缜密的方法,坚持平等自由探索的原则,强调科学技术要服务于国家民族和全人类的福祉。在人类发展历史上,科学精神曾经引导人类摆脱愚昧、迷信和教条。在科学技术的物质成就充分彰显的今天,科学精神更具有广泛的社会文化价值。

近些年来,虽然我国农民的科学素养有了很大程度的提高,但科学精神缺失的现状仍很严重。广大农村还残存着迷信、愚昧、庸俗的落后文化,也存在一些腐蚀人们精神世界、危害社会主义现代化建设的腐朽文化。在农村,仍有很多人把人的命运寄托在烧香拜佛上,把发家致富寄托在对神的供奉上。即使在经济比较发达的农村,香火之旺、庙堂之多也超乎想象。有人对此形容:"有山就有水,有水就有田,有田就有人,有人就有庙。"很多农民对各种封建迷信、伪科学、歪理邪说缺少鉴别能力。在农民的休闲娱乐活动中,有的地方赌博成风,不会打牌、赌博,成为一种另类。无论是观看电视节目还是阅读图书、报纸杂志,很多农民的主要兴趣都没有指向科教领域。在农村,一些农民仍然有读书无用的思想,片面认为读书不如打工赚钱,从而导致部分学生过早辍学打工。一些农民习惯了直接知识的积累和经验传承,头脑中有一种根深蒂固的小农经济意识,不求进取,采用老模式,不爱接受培训,认为学不学一个样,别人怎么做我就怎么做,延续老传统。因此,提高农民的科学素养仅仅靠普及一定的科学知识是不够的,还必须大力弘扬科学精神。

随着中国特色社会主义进入新时代,对科学知识、科学精神、科学思想和科学方法的多样化、全方位、高层次需求已成为人民日益增长的美好生活需要的重要组成部分。科技是国家强盛之基，创新是民族进步之魂。在2016年召开的"科技三会"上，习近平总书记强调：科技创新、科学普及是实现创新发展的两翼，要把科学普及放在与科技创新同等重要的位置。没有全民科学素质普遍提高，就难以建立起宏大的高素质创新大军，难以实现科技成果快速转化。一方面是眼下公众获取知识的渠道和内容前所未有的丰富；另一方面是许多"伪科学"甚至是"反科学"的信息甚嚣尘上，令人难辨真伪。这就需要科技工作者在新时代履行社会责任和历史使命，传播正确的科学知识，弘扬正能量的科学精神。新时代科技工作者从事科普活动需要有新思维、新方法，既要能确保科普内容的科学性、原创性，又要有较强的文学性、艺术性和趣味性；既要重视巩固报刊、电视、广播等传统科普阵地，又要注重与新媒体结合，满足不同群众的互动性和体验感。目前，科普的形式已经不拘于过去常见的报刊或书籍，需要科技工作者利用微信、微博、影视、人工智能等现代手段，针对科普对象的特点开展更有成效的科学传播。在信息化时代，要充分发挥互联网的作用，营造人人崇尚科学反对愚昧无知的良好舆论环境，对民众进行科学知识普及。要有针对性、目的性地深入开展科学知识活动。对于青少年，通过提升科技教育的质量、开展科技活动等方式培养他们崇尚科学的思想、激发他们的科技兴趣。可以通过开展各种科普活动、举办各种科学知识展览来全方位提升群众参与兴趣，实现群众从被动接受到主动参与活动的转变。

三、培育农民科学素养的策略

提高农民科学素养是推进新农村建设的需要;是统筹城乡协调发展的内在要求;是实现农村可持续发展的智力保障;是解决"三农"问题的根本途径;是推进乡村振兴的重要举措。农业发达、农民富裕、农村繁荣,根本取决于农业生产力的提高。当今高科技时代,科学技术是第一生产力,只有将新兴科学技术全面引进农业,我国农业、农村才能走向现代化。因此,我国乡村振兴离不开农民科学素养的提高。

(一)进一步改善农村基础教育,通过基础教育加强科学教育

目前,农村教育基础仍然很薄弱,实行单一的升学教育模式。专业技术教育和农业职业技术教育严重缺乏,科普知识还没真正进入学堂。而且,农村总体经济状况较差,科技文化素质较高的师资队伍紧缺。加强科学知识的普及要从小学抓起,改善农村办学条件,需要县、乡政府进一步加大投入,加快普及农村九年义务教育,提高农村教学水平。针对目前农村教育中存在的现实问题,改善农村基础教育现状,切实提高农民的文化水平,进而才能提高农民的科学素养。

农村基础教育是我国基础教育体系的重要组成部分,教育面广量大,在提高国民素质、增强综合国力上始终处于十分重要的地位,在促进当地经济、社会发展,全面建设小康社会中具有基础性、全面性的作用。改革开放四十多年来,我国农村基础教育在普及义务教育、增加教育投入、改革办学模式等方面取得了令人瞩目的成就。然而,随着我国"地方负责、分级

管理、以县为主"的基础教育管理体制的确立以及农村税费改革的实施，我国的农村基础教育的整体性薄弱状况还没有从根本上得到扭转，在教育观念、办学方向、教育经费、保学控流、师资队伍、教学内容等方面仍然存在着不容忽视的问题。我们必须正视这些问题，寻求破解策略，以确保农村教育持续健康发展。

农村基础教育必须坚持基础性、先导性和服务性。基础性就是要为新农村建设者打下坚实的知识和技能基础，为他们在新农村建设中大有作为创造条件；先导性就是要让农家子弟在农村中小学受到先进的思想、理念教育，从小就能确立起创新、超越、争先的意识；服务性就是要求农村基础教育必须有意识地为新农村建设提供服务，从课程教学内容的选择、各项活动的设计与开展、农村生产生活的实践教学组织与实施，都体现这一服务性宗旨。农村基础教育的发展是新农村建设的奠基工程，积极投身于社会主义新农村建设是基础教育义不容辞的重要职责，只有办好基础教育，社会主义新农村建设才会有持续发展的动力。农村基础教育要围绕"产业兴旺、生态宜居、乡风文明、治理有效、生活富裕"的总要求，积极探索服务社会主义新农村的新模式。农村基础教育要比过去有新的改进和内涵，更扎实、更有实效，对提高农民科学素养的确有帮助，这才是求真务实的新农村基础教育。

基础教育与乡村振兴之间，是唇齿相依、互相促进、互利互惠的关系。推进乡村振兴，培养与其相适应的农村基础教育，不能只追求外表和形式的新，更不能搞花架子，而是通过改进农村基础教育,使现实中的农民和未来的新型农民具有更高素养,具有新知识、新技术,会经营管理。一方面,基础教育为乡村振兴输送合格人才;另一方面,乡村振兴的过程也是增加基础教育人、财、物方面投入,促进基础教育持续协调发展的过程。当前,农村基础教育应抓住乡村振兴这个难得的机遇乘势而上,推进基础教育的均衡发展。一是办好寄宿制学校,整合教育资源;二是实施现代远程教育工程,实现优质资源共享;三要加大对校长、教师的培训力度,更新教育理念;四是促进校长、教师的合理流动,带动薄弱学校的发展;五要全面落实农村义务教育经费保障机制,提高"两免一补"的兑现率。

(二)加强农村科普,改变传统科普方式

从科学社会学的角度看,科学普及是一种广泛的社会现象,必然有其自身的生长点。科学普及的生长点就在自然与人、科学与社会的交叉点上。也就是说,自然科学与人类社会的相互作用生成了科学普及,科技与社会又作为科学普及的土壤,哺育着它的生长。而科技进步和社会发展,则为科学普及不断提供新的生长点,使科普工作具有鲜活的生命力和浓厚的社会性、时代性。形象地说,科学普及是以时代为背景,以社会为舞台,以人为主角,以科技为内容,面向广大公众的一台现代文明戏,在这个舞台上是没有传统保留节目的。从本质上说,科学普及是一种社会教育。作为社会教育,它既不同于学校教育,也不同于职业教育,其基本特点是社会性和持续性。科学普及的特点表明,科普工作必须运用社会化、群众化和经常化的科普方式，充分利用现代社会的多种流通渠道和信息传播媒体，不失时机地广泛渗透到各种社会活动之中，才能形成规模宏大、富有生机、社会化的大科普。现代科学技术是一个极其庞大而复杂的立体结构体系，具有丰富的内涵和多种社会职能。在科普工作中，不可忽视科技知识内在的科学思想、科学方法和科学精神。在知识信息含有的四个不同层次（数据、信息、知识和智能）中，占据最高层次的智能才是构成人们科学文化素质的最具活性的重要素质。而这对身处不同岗位的各级领导干部和科技工作管理者来说尤为重要。

加强农村科普，应改变传统科普方式。一是要大力推进广播电视进村入户，增加科普栏目播放时间。使农民通过广播、电视学习农业技术，了解市场信息，丰富文化生活，了解党的路线、方针、政策。二是要健全和完善县、乡镇科学技术推广普及网络。充分利用农村党员远程网络平台，加快信息资源共享。加强农村基层服务点建设，使农民享受城市居民同等信息水平。三是要大力推动农村科普出版物发行，增加农民买得起、读得懂、用得上的通俗读物的品种和数量，长期开放农民书屋，掀起学科学的热潮。四是要加强农村科普活动场所和科普阵地建设，在农村建设一批较高水平的科普教育基地和科普实验基地，尤其是要在农村加强科普活动站、科普宣传栏、科普宣传员的建设，增加科普设施投入，促进科普工作群众化、社会化、经常化。

（三）加强农村科普队伍建设，实施科普人才建设工程

农村科普队伍建设是农村科普工作中的重要内容之一，它

的整体素质直接影响到农村科普的内容、形式以及农村科普网络体系的建设。农村科普队伍建设应以农为本，培养农村科普工作者的工作热情，让他们体会到科普工作的价值和意义，从而能够与农民互相沟通、互相了解。在农村科普工作中，尤其要选好、配强乡镇科协干部，由乡镇科协牵头，担负起对本辖区农民的科普责任。相关部门要大力支持、选拔科普专业技术人员到乡、镇开展培训、咨询、指导等工作，真正发挥科普人员在农村科普工作中的作用。

第一，重视科普教育基地专职人才培养。科普教育基地分布在高校、企业、社区等，实现人才的横向流动似乎不是一个可行的办法，但可以模仿干部交流的形式，采取"走出去、请进来"的方式，在特定空间和时间内促成各类科普教育基地工作人员的短期交流学习，形成各类型科普教育基地百花齐放、百家争鸣的蓬勃发展局面。

第二，发展农村科普人才队伍。可采取"校企所协深度融合"模式培养农村科普人才，"校"主要是指涉农高等院校，"企"是指涉农行业的企业，"所"是指农业科研机构，"协"是指行业协会、学会，如农经学会、园林学会、花卉协会、禽业协会等。政府有关部门要建立政府主导，"校企所协"共同参与的科普人才队伍协同培养、协调指导工作机制，推动产学研、农科教紧密结合，提升农村科普人才服务"三农"的能力。

第三，重视科普志愿者队伍建设。科普志愿者队伍是一支不可忽视的公众科普教育力量，要建立健全志愿者招募和退出机制，扩大志愿者招募渠道，建立激励机制；要培养科普志愿者队伍中的领军人物和带头人,增强志愿者之间的凝聚力;要建立科普志愿服务品牌,确立统一的志愿者;要扩展科普活动形式,除了举办科普讲座和培训外,还可到田间地头和企业提供科技咨询服务、到政府部门提供专业咨询服务、到科技场馆提供指导服务等。

第四,解决基层科普工作者的培养与培训短板问题。针对科普人才的发展现状,要着力解决基层实用科普人才培养、培训的短板问题,加大资金投入力度,加强基层实用骨干科普人才培养和培训基地建设,通过举办多层次、多类型的培训班,培养科普骨干人才。

第五,发挥高校科普工作的带头作用。科学研究和社会服务是高校的两大职能,地方高校具有丰富的科研成果资源,有成熟的科研管理办法,也有一支较为稳定的科研队伍,要立足地方经济和社会发展,培养科普人才队伍。一是吸纳具有一定科研能力的中青年教师加入科普人才队伍,负责科普人才的培养、培训及科普活动开展工作;二是发挥科研骨干教师的传帮带作用,在做科研的时候有意识地帮带没有科研能力和经验的年轻教师,扩大具有科研能力的人群范围;三是加强与社会各级科协之间的联系,了解国家关于科普工作的新政策、新规定,获取政策支持、项目支持和资金支持,利用巧劲开展学校科普工作,提高科普工作的能力和成效。

(四)动员社会力量,大力提升农民科学素养

目前,农村科普工作总体上还比较薄弱,无法从根本上满足广大农民接受科普教育、提高自身素质的迫切需求。要逐步

改变这种状况，就要广泛吸纳、整合社会资源，统筹协调各方面关系，形成城市支持农村、部门支持乡镇的合力。提升农民科学素养，推进城乡协调发展，涉及各行各业各个部门。在对农民科普时，要以产业结构调整为农村科普工作的着力点，真正使农村科普工作以市场为导向，以农民为对象，以促进农村经济社会发展和农民科学文化素质提高为目的，在整体上提升农村科普工作的水平和质量。

提升农民的科学素养水平，必须强化农民运用科技的能力，重视农业技术的推广。创建农业科技核心样板村，树立农民运用农业科技的典型。转变传统农业思想，提升农民农业科技素养意识。农技人员要深入田间地头，向农户进行现场示范演示，农作物分阶段进行各种病虫害防治以及对农产品质量安全问题作讲解。加快培育新型农业经营主体和新型职业农民，着力提高农民综合素质，提升农民农业科技素养水平。要进一步调整农村产业结构，开展种植、养殖技术基础研究，引导农民科学种植，扩大种植规模，组建专业合作社，创建农产品品牌，提高农民农业科技素养水平，加快农村脱贫致富的步伐，顺利推进乡村振兴。

案例：东海县房山镇："农家书屋"成为乡村文明的"充电站、加油站"

在第25个"世界读书日"来临之际，连云港市东海县房山镇山前村新时代文明实践站的农家书屋内，村民们正在阅读。作为乡村文化的"充电站、加油站"，农家书屋通过阅读点亮梦想,传承文明,助推乡村发展。

农家书屋变"充电站"。"以前种植猕猴桃,不知道怎么管理,现在可以从书屋里找到相关的种植书籍来看,里面讲解得很详细。"房山镇山前村村民杨某告诉笔者,不只是水果,蔬菜种植、家禽养殖等都可以通过相关书籍自学,书屋经常举办阅读活动,还能有机会得到本地农业专家下乡现场指导。科技类、卫生类、少儿类、文化类……在书架上,笔者看到,书目种类较多,分类摆放齐整,由耕读传家志愿者负责日常管理。

农家书屋变"加油站"。唐某明是房山镇山前村村民。3年前,他结束在外打工的生活,回到家乡开始渔业养殖。如今,由他负责运行和管理的鱼塘达到60多亩。唐某明把自己的好日子归功于村里的农家书屋:"每天就算再忙,总要到农家书屋去看书,为自己'充充电',提升下自己。"

"农家书屋不仅能够为村民提供书本知识,更是营造浓厚的阅读氛围,带动乡村发展,助推乡风文明。"刚刚荣获东海县2019年度十佳新时代文明实践示范站站长、党总支书记杭中亮告诉笔者。

"文化香致远,惠民无止境。我镇25个村实现农家书屋全覆盖,农家书屋常态化免费开放,不定期开展亲子阅读、公益讲座、经典诵读等阅读学习活动,推动新时代文明实践落地生根,不但丰富了农村群众的文化生活,提升幸福指数,还能推动文化大发展大繁荣,助力乡村振兴。"东海县房山镇党委书记相堂献表示。

(来源:中国江苏网)

案例：藏族小村因读书会而改变

"待会儿，我想和大伙交流一下养猪的经验。"月前的一个傍晚，四川省甘孜藏族自治州乡城县青麦乡沙龙村村民扎某怀揣一本笔记本，满脸笑容地和村民尼某来到村头的空地。一段时间以来，这片空地一到傍晚便变得热闹起来：忙碌了一天的村民会三三两两来到这里参加村里举办的读书会。

放下农具，拿起书报

"白天，在庄稼地里，面朝黄土背朝天，顾不上说半句话。晚上能在这里和大伙一起读书，心里感觉非常畅快呐！"扎某高兴地笑了笑。一到傍晚，沙龙村的村民们便迫不及待地走出自己的家门，带上平日里最喜爱的报纸杂志去村里参加读书会。

"过去，村民在干完农活后都各自回家了。邻里之间经常发生纠纷，村民们素质普遍不高，村干部为此整日发愁。后来，乡里面来了干部，进行走访调查后，得知是由于村民欠缺文化知识，我们心中也豁然开朗起来了。"村委会主任色果纳洼回忆那时的情境时说。2007年，在乡里的支持下，沙龙村筹集了150本书，办起了乡里面的第一个农民读书会，为此，乡里还把为数不多的报纸杂志送给村里。后来，随着村里面文化基础设施的建设，2009年，全村在村民们投工投劳的基础上，配合政府资金在村头修建起了一个水泥广场，从此，村民们有了一个开展读书活动的场所。

起初，参加读书活动的人很少，来看热闹的人很多。怎样让村民参加读书活动成了村里的难题。2009年9月，村里面决定让村"两委"班子成员带头进行阅读，以此来带动村民参加。可是前来参加的村民寥寥无几，大多数还是来看热闹的。为了让村民们改变过去的观念，乡里和村里挨家挨户去做工作，得知村民们以前没有参加过类似的活动，觉得非常害羞。在找到原因后，乡里派专人进行指点，有的村干部还把全家老少都带来参加读书活动。慢慢地，很多村民胆子也变得大起来了。

读书活动，让村民变了

"说实话，当时去参加读书活动的时候，心里挺紧张的，家人还劝不要去，害怕我丢脸。我就给家人说，怕什么？别人一家人都去参加活动了，我也要去试试。"第一次参加读书活动的村民尼某笑呵呵地讲到。随着实践的积累，现在他已经成为村里不可多得的宣传好手了。

尼某告诉笔者，他第一次去参加读书活动的时候，走路感觉双脚都麻木了，拿书的手不自觉地在抖，眼睛只是瞄了下周围的人，脸颊便红得如同熟透了的红樱桃一样，心脏"砰砰"地跳个不停。"本来以为大伙会笑话我的，没想到，大伙还给我热烈的掌声，我好感动啊，谢谢大伙。"尼某说。过去，由于缺乏文化知识，村民彼此说话都是粗话连篇，待人做事也不礼貌，对什么事情都不了解，就连最起码的常识都不懂，空有一腔热血。自从开展读书活动后，村民们的素质有了明显提高，参加活动的村民越来越多，村里的面貌也焕然一新。现在，还没到沙龙村，远远地便会听到朗朗的读书声伴着鸟儿清脆的鸣叫，还有山间溪水汩汩的流淌声。

第四章　新时代农民科学素养

读书新风，助推经济发展

"过去，只知道在庄稼地里勤快点，便会有个好收获。自从参加了读书活动后，才知道原来种地也是一门学问。"尝到甜头的村民扎某一脸兴奋。

以前，扎某整日围绕农田转，结果一年下来，所种粮食仅能勉强维持一家人的生活。后来，他参加读书活动，增长了见识，自家的承包地每亩增产五六百斤，不但使全家有了足够的存粮，多余的还可以拿到市场上去销售。为了让村民了解更多的致富信息和致富手段，村里每个月还邀请县里的专家来给村民们上课。村民扎某就是在读书活动中听见专家们讲了有关养猪方面的知识后，才开始搞起了生猪养殖。"非常感谢专家们的指导，给我指明了一条致富的门路。"扎某介绍说，过去，在农闲的时候，家里喂养了7头猪，但由于养殖管理不得法，喂养出来的猪又瘦又小。现在，在专家的指点下，他喂养的猪变得又肥又大，明年还准备再购置几头小猪崽。"在这里，我还学会了发展其他副业。"村民丁某不停地称赞。前年，丁某种了100棵苹果树，后来在读书活动中了解到，在树苗成长期间可以种植玉米、豆科类等作物。去年头一次种植，年底便喜获丰收。

像这样在读书活动中学到致富经验的村民有很多。用村委会主任色果纳洼的话来说就是："读书活动让全村活起来了，让村民们富起来了，让大伙笑起来了。"

（来源：科普中国网）

第五章 新时代农民信息素养

信息化是当今社会的发展趋势,信息日益成为社会各领域中最活跃、最具有决定意义的因素。世界继新技术革命以后,又掀起了一场以加速社会信息化为宗旨的信息高速公路建设的浪潮。信息正以其前所未有的迅猛态势影响社会的方方面面,改变着人们原有的社会空间。我国是一个农业大国,推进农业信息化,离不开农民的参与。农民的信息素养高低不仅事关农村信息资源的配置效率,也事关农业信息化推进成效。因此,在现代科技高速发展的今天,深入了解农民信息素养的现状及其影响因素,提升农民的信息素养水平,显得尤为重要和迫切。

一、信息和信息素养的内涵

(一)信息

什么是信息?"信息"一词在英文、法文、德文、西班牙中均是"information",我国古代用的是"消息"。作为科学术语最早出现在哈特莱于 1928 年撰写的《信息传输》一文中。20 世纪 40 年代，信息的奠基人香农给出了信息的明确定义，此后许多研究者从各自的研究领域出发，给出了不同的定义。具有代表意义的表述如下：信息奠基人香农认为"信息是用来消除随机不确定性的东西"，这一定义被人们看作是经典性定义并加以引用。控制论创始人维纳认为"信息是人们在适应外部世界，并使这种适应反作用于外部世界的过程中，同外部世界进行互相交换的内容和名称"，它也作为经典性定义被加以引用。经济管理学家认为"信息是提供决策的有效数据"。美国著名物理化学家吉布斯创立了向量分析并将其引入数学物理中，使事件的不确定性和偶然性研究找到了一个全新的角度，从而使人类在科学把握信息的意义上迈出了第一步。他认为"熵"是一个关于物理系统信息不足的量度。电子学家、计算机科学家认为"信息是电子线路中传输的以信号作为载体的内容"。我国著名的信息学专家钟义信教授认为"信息是事物存在方式或运动状态，以这种方式或状态直接或间接的表述"。美国信息管理专家霍顿给信息下的定义是："信息是为了满足用户决策的需要而经过加工处理的数据。"简单地说，信息是经过加工的数据，或者说，信息是数据处理的结果。根据对信息的研究成果。科学的信息概念可以概括如下：信息是对客观世界中各种事物的运动状态和变化的反映，是客观事物之间相互联系和相互作用的表征，表现的是客观事物运动状态和变化的实质内容。

(二) 信息素养概念的由来

信息素养概念的酝酿始于美国图书检索技能的演变。1974年，美国信息产业协会主席保罗·泽考斯基率先提出了信息素养这一全新概念，并解释为：利用大量的信息工具及主要信息源使问题得到解答的技能。信息素养概念一经提出，便得到了广泛传播和使用。世界各国的研究机构纷纷围绕如何提高信息素养展开了广泛的探索和深入的研究，对信息素养概念的界定、内涵和评价标准等提出了一系列新的见解。1987年，信息学家帕特里娅·布雷维克（Patrieia, Breivik）将信息素养概括为一种"了解提供信息的系统并能鉴别信息价值、选择获取信息的最佳渠道、掌握获取和存储信息的基本技能"。1989年，美国图书馆协会下设的"信息素养总统委员会"在其年度报告中对信息素养的含义进行了重新概括："要成为一个有信息素养的人，就必须能够确定何时需要信息并且能够有效地查寻、评价和使用所需要的信息。"1992年，美国学者道尔（Doyle）在信息素养全美论坛的终结报告中将信息素养定义为："一个具有信息素养的人，他能够认识到精确的和完整的信息是做出合理决策的基础，确定对信息的需求，形成基于信息需求的问题，确定潜在的信息源，制定成功的检索方案，从包括基于计算机和其他信息源获取信息、评价信息、组织信息于实际的应用，将新信息与原有的知识体系进行融合以及在批判性思考和问题解决的过程中使用信息。"

(三) 信息素养的内涵

信息素养更确切的名称应该是信息文化。信息素养是一种基本能力。信息素养是一种对信息社会的适应能力。美国教育技术 CEO 论坛 2001 年第四季度报告提出 21 世纪的能力素质，包括基本学习技能（指读、写、算）、信息素养、创新思维能力、人际交往与合作精神、实践能力。信息素养是其中一个方面，它涉及信息的意识、信息的能力和信息的应用。

信息素养是一种综合能力。信息素养涉及各方面的知识，是一个特殊的、涵盖面很宽的能力，它包含人文的、技术的、经济的、法律的诸多因素，和许多学科有着紧密的联系。信息技术支持信息素养，通晓信息技术强调对技术的理解、认识和使用技能。而信息素养的重点是内容、传播、分析，包括信息检索以及评价，涉及更宽的方面。它是一种了解、搜集、评估和利用信息的知识结构，既需要通过熟练的信息技术，也需要通过完善的调查方法、通过鉴别和推理来完成。信息素养是一种信息能力，信息技术是它的一种工具。

信息素养包括关于信息和信息技术的基本知识和基本技能，运用信息技术进行学习、合作、交流和解决问题的能力，以及信息的意识和社会伦理道德问题。具体而言，信息素养应包含以下五个方面的内容：

第一，热爱生活，有获取新信息的意愿，能够主动地从生活实践中不断地查找、探究新信息。

第二，具有基本的科学和文化常识，能够较为自如地对获得的信息进行辨别和分析，正确地加以评估。

第三，可灵活地支配信息，较好地掌握选择信息、拒绝信息的技能。

第四，能够有效地利用信息，表达个人的思想和观念，并乐意与他人分享不同的见解或资讯。

第五，无论面对何种情境，能够充满自信地运用各类信息解决问题，有较强的创新和进取精神。

美国提出的"信息素养"概念则包括三个层面：文化层面（知识方面）、信息意识（意识方面）、信息技能（技术方面）。经过一段时期之后，正式定义为："要成为一个有信息素养的人，他必须能够确定何时需要信息，并已具有检索、评价和有效使用所需信息的能力。"而《信息素养全美论坛的终结报告》再次对信息素养的概念作了详尽表述："一个有信息素养的人，他能够认识到精确和完整的信息是做出合理决策的基础；能够确定信息需求，形成基于信息需求的问题，确定潜在的信息源，制定成功的检索方案，以包括基于计算机的和其他的信息源获取信息，评价信息、组织信息用于实际的应用，将新信息与原有的知识体系进行融合以及在批判思考和问题解决的过程中使用信息。"信息素养的四个要素共同构成一个不可分割的统一整体，其中信息意识是先导，信息知识是基础，信息能力是核心，信息道德是保证。

（四）信息素养的特征和标准

信息技术的发展已使经济非物质化，世界经济正转向信息化非物质化时代，正加速向信息化迈进，人类已自然进入信息时代。21世纪是高科技时代、航天时代、基因生物工程时代、纳米时代、经济全球化时代等，但不管怎么称呼，21世纪的一切事业、工程都离不开信息。从这个意义来说，称21世纪是信息时代更为确切。在信息社会中，物质世界正在隐退到信息世界的背后，各类信息组成人类的基本生存环境，影响着芸芸众生的日常生活方式，因而构成了人们日常经验的重要组成部分。虽然信息素养在不同层次的人们身上体现的侧重面不一样，但概括起来，它主要具有四大特征：①捕捉信息的敏锐性；②筛选信息的果断性；③评估信息的准确性；④交流信息的自如性和应用信息的独创性。

1998年，美国图书馆协会和教育传播协会制定了学生学习的九大信息素养标准，概括了信息素养的具体内容。标准一：具有信息素养的学生能够有效地和高效地获取信息。标准二：具有信息素养的学生能够熟练地和批判地评价信息。标准三：具有信息素养的学生能够精确地、创造性地使用信息。标准四：作为一个独立学习者的学生具有信息素养，并能探求与个人兴趣有关的信息。标准五：作为一个独立学习者的学生具有信息素养，并能欣赏作品和其他对信息进行创造性表达的内容。标准六：作为一个独立学习者的学生具有信息素养，并能力争在信息查询和知识创新中做得最好。标准七：对学习社区和社会有积极贡献的学生具有信息素养，并能认识信息对民主化社会的重要性。标准八：对学习社区和社会有积极贡献的学生具有信息素养，并能实行与信息和信息技术相关的符合伦理道德的行为。标准九：对学习社区和社会有积极贡献的学生具有信息素养，并能积极参与小组的活动探求和创建信息。

二、当前我国农民信息素养存在的主要问题

（一）信息素养培训不足，信息能力有待提高

信息能力指理解、获取、利用信息能力及利用信息技术的能力。理解信息即对信息进行分析、评价和决策。具体来说就是分析信息内容和信息来源，鉴别信息质量和评价信息价值，决策信息取舍以及分析信息成本的能力。获取信息就是通过各种途径和方法搜集、查找、提取、记录和存储信息的能力。利用信息即有目的地将信息用于解决实际问题或用于学习和科学研究之中，通过已知信息挖掘信息的潜在价值和意义并综合运用，以创造新知识的能力。利用信息技术即利用计算机网络以及多媒体等工具搜集信息、处理信息、传递信息、发布信息和表达信息的能力。在互联网时代，各种信息资源铺天盖地、信息内容良莠不齐，而信息对人们的日常生活、学习工作的重要性愈发凸显。高效、充分地利用信息是互联网时代中的每个人都应该具备的能力。因此，衡量农民是否具有强的信息能力，具有十分重要的现实意义。

随着乡村振兴的推进，农村的经济得到了很大的发展，信息化基础设施也得到了很大的改善，绝大多数农民都拥有了手机，部分农民家庭也配置了电脑。但很多农民在使用手机和电脑时更多的是娱乐，利用网络获取信息、发布信息的很少。部分农民虽然掌握了一些常用软件工具的使用方法（如网页浏览器、QQ等），但主要也是用于娱乐、聊天，利用这些工具进行自主学习、自我提高的不多。有的农民没有或很少接受过系统

的信息技能方面的培训,信息的沟通方式还是以口授相传为主,缺乏信息时效性的认识,缺乏市场经济意识及自主创业的精神,创新意识还不是很强。在一些农村,信息化培训还很不足,没有建立起农民信息化培训的体制和机制。培训没有长效性、针对性、系统性,没有形成规模化的有意识的行为。

(二)有信息需求,但信息意识还不强

信息意识是指客观存在的信息和信息活动在人们头脑中的能动反映,表现为人们对所关心的事或物的信息敏感力、观察力和分析判断能力及对信息的创新能力。它是意识的一种,为人类所特有。信息意识是人们产生信息需求,形成信息动机,进而自觉寻求信息、利用信息、形成信息兴趣的动力和源泉。信息意识是指人对信息敏锐的感受力、判断能力和洞察力。信息意识,即人的信息敏感程度,是人们对自然界和社会的各种现象、行为、理论观点等从信息的角度理解、感受和评价。通俗地讲,就是面对不懂的东西,能积极主动地去寻找答案,并知道到哪里,用什么方法去寻求答案,这就是信息意识。因此,农民的信息意识,作为农民信息素养的重要组成部分,影响着农民在生产生活中如何有效利用政策法规、科技、市场、农村金融等农业信息的行为。

从我国农村整体来看,在沿海和农产品出口较多的经济发达地区,农民的信息意识较强,能够从多种渠道获取一些重要的信息。而在经济欠发达地区,生活环境相对闭塞,接触外界环境的机会较小,获取信息不畅,对网络信息持怀疑和不信任态度,认识不到信息的巨大作用,缺乏应有的信息意识,信息只能通过别人的成功案例来认识，缺乏应有的信息反应能力。当前，越来越多的农民开始意识到信息的重要性，也产生了较强的信息需求。但在信息的获取上，还过于依赖传统方式，电视和熟人介绍依然是农民获取信息的重要途径。一方面，电视传播的单向性形成了农民获取信息的被动性；另一方面，遇到问题时，农民寻求问题解决的途径往往是熟人社会的亲缘关系，利用现代信息手段获取信息的意识还比较薄弱。再者，目前涉农信息服务中内容雷同的过多，针对性不强。与农民生活息息相关的信息量十分有限，很多农民需要的服务在涉农网站上找不到，导致农民对网络失去了兴趣，并不能切身感受到网络给他们带来的实际利益，以至于有的人对信息越来越冷淡。

（三）信息道德水平尚有待提高

信息道德是指在信息领域中用以规范人们相互关系的思想观念与行为准则，是在信息的采集、加工、存贮、传播和利用等信息活动各个环节中，用来规范其间产生的各种社会关系的道德意识、道德规范和道德行为的总和。它通过社会舆论、传统习俗等，使人们形成一定的信念、价值观和习惯，从而使人们自觉地通过自己的判断规范自己的信息行为。信息道德是在传统道德的基础之上，在信息社会中不断演进而来的，是伦理道德的重要内容，约束着人们在信息社会的各种信息行为。农民在日常生活、生产经营中要了解基本信息道德的内涵，并遵循信息道德的基本行为规范。随着智能手机、平板电脑的普及，微信、微博、QQ等社交软件被越来越多的人接受和使用，信息发布越来越便捷，对信息道德的要求也不断提高。农民在如何甄别有效信息、自觉抵御不良信息、不听谣传谣、不侵犯个人隐私等方面的素养仍有待提高。因此，应该有针对性地宣传、引导、教育，提升农民的信息过滤能力，提高农民的信息道德水平。

三、提升农民信息素养的对策

信息素养的教育注重知识的创新，而知识的更新是通过对信息的加工得以实现的。因此，把纷杂无序的信息转化成有序的知识，是教育适应现代化社会发展需求的当务之急，是培育信息素养首要解决的问题，即文化素养（知识层面）与信息意识（意识层面）的关系问题。

（一）信息素养培育首要解决的问题

信息与知识结构的关系大体上有三种情况：知识结构能解释、说明的信息；与知识结构毫无关系的信息；知识结构不能解释或相矛盾的信息。对于第一种情况，这种信息对感官的刺激通过神经传到大脑。大脑便处于某种程度的兴奋状态，产生"共振"，信息因此在大脑中留下痕迹，即存储（记忆）下来。在一般情况下，人们很容易获得知识结构能解释、说明的信息。对于第二种情况，这种信息与知识结构毫无关系，人们不能理解其含义，因而不会在大脑皮层中留下痕迹，不能被吸收，大脑处于一种抑制状态。第三种情况相对复杂一些，因为不同的人面对这种信息有不同的态度。有科学头脑的人，面对这种与知识结构相矛盾或不能解释的信息会发出疑问："这是为什么？"从而激发起好奇心和求知欲，进而去探索、去实验、去求知、去寻找原因。为此，要付出艰巨的劳动，经受住失败和挫折的考验。同时，也激发出了超常的智慧和高涨的热情。最后找到了答案，也获得了新的知识，知识结构也随之发生了变化。所以，具有科学头脑的人对这类信息是热情的、欢迎的，他们将其作为求知的新起点和科学研究的突破口。缺乏科学头脑的人往往凭借原有的思维定式，对这类信息是不理睬、不欢迎的，甚至还会敌视或诋毁，以此来维护原有知识结构的稳定性。

由上述三种情况可知，教育人们等待信息的输入，即依靠灌输获得知识的传统教育方式已无法满足信息社会中人们对知识的渴望与不断的更新。而教育人们高高地树起接收信息的"天线"，在全新的认知方法论的指导下，不断拓宽自身的知识结构，以培训信息素养为宗旨的教育方式才是社会发展的必然趋势。从另一个角度也进一步说明了素质教育是社会发展的产物。时代的推进对教育提出了新的要求，教育已经不再仅仅是为学生建立扎实的知识基础，而是要全面培养学生的素质，于是素质教育便成了教育界最响亮的口号之一。21世纪人才的综合素质很重要的一个部分就是面对突发事件或全新领域的信息保持冷静，作出及时、准确的判断并快速、妥当处理，即对信息的归纳概括并分析判断的能力。目前，我们的各级各类教育都在大力加强对信息技能的培育。其目的就是使人们通过对这些技能的掌握，更好地适应信息化社会所应具有的知识结构及批判性的思维，不断地提高自身的信息素养。需要指出的是，对计算机技能以及信息技能的教育，不仅仅是一种纯粹的对技能的教育，而是一种新的教育模式的重建，是通过对信息技能（技术层面）的教育，不断提高人们文化素养（知识层面）与信息意识（意识层面）的水平，即通过对信息技能的教育，提高人的信息素养。

(二) 培育农民信息素养的路径

信息素养是信息社会中人的整体素养的一部分。信息素养的教育关系到人们如何立足于信息化社会这一基本点。它不是所谓的超前教育观，而是教育界必须要面对的现实问题。只有加强信息素养的教育，教育的职能才会充分发挥作用。反之，对信息社会的发展视而不见，仍延用旧的教育方式，其结果只能是在减少认知文盲的同时，增加新知识的文盲。农民信息素养培养策略主要有以下几个方面：

1. 推进农村信息化服务平台建设

在农村信息化建设中，许多地区的信息化平台基础设施建成后，仍然存在农民不会使用甚至不愿意使用的现象。一方面是由于"知识沟"的存在，一些农民文化知识水平有限，且信息化意识不强，对新技术主动学习的积极性不高，以致对信息平台的操作掌握起来很有难度；另一方面则是受经济水平的限制，农民不愿意在报纸、杂志以及互联网等方面投入较多，且地域的差异性又限制了农民可供选择的媒介种类。种种原因导致农民媒介素养不高，在信息的获取、辨别以及使用上能力较差。除了信息获取方面存在的问题，农民的信息反馈意识同样缺乏，信息互动性低。例如，农民在生产过程中遇到困难时，往往习惯于向熟人、邻居、村委会和信息服务中介求助，真正选择信息专业户、经纪人和农村信息服务站的农民很少。由于受到反馈渠道、资金以及传统观念等因素的影响,农民对报纸、广播、电视媒介和政府服务部门的信息反馈较弱。这不仅会造成有效信息的浪费,也不利于政府部门根据农村实际情况进行科学合理的决策,进一步限制了媒介对农村有用信息的传播。

在农村信息化建设中,首先,要多用浅显易懂的材料提高对农村信息化的宣传力度,多建设一些信息化示范工程。要多吸收国内外先进的经验,这对实际工作有事半功倍的效果。美国传播学者施拉姆曾提出了一个公式,即"选择的或然率=报偿的保证/费力的程度"。其中,"报偿的保证"是指传播内容满足选择者需要的程度,而"费力的程度"则指的是内容与使用传播途径的难易状况。根据传播学上的"使用与满足"理论,在同等条件下,人们往往倾向于选择最方便且最能迅速满足其需要的途径。因此,要切实提高信息操作平台的便捷性,满足农民使用的需要。例如,在农业网站建设上,要通过版面布局、栏目导航的人性化设置来满足农民的使用习惯,开发适合不同文化层次的农民使用的信息操作模式,比如在线音频视频模式等灵活的信息获取方式等。其次,要充分发挥报纸、广播、电视、互联网、手机等媒体的联动作用,拓宽农民获取信息的渠道。由于全国各地情况有异,在信息资源建设中,要从农业、农村和农民对信息需求多样化的实际出发,根据各地的实际情况,因地制宜,突出地域特色。同时,要兼顾信息的全面性、实时性,多渠道、多层次、多形式地广泛搜集、筛选、整合并发布农业信息,去粗取精,去伪存真,以确保信息平台发布信息的实用性、时效性与科学性。

农民作为现代农村生产建设的主体,是农村各项产业最直接的生产者与销售者,同时也是市场变化最直接的影响群体。然而,作为农村信息平台建设中信息的接受者与使用者,农民普遍存在着市场意识薄弱、信息意识不强、媒介利用率低以及缺乏信息反馈意识等问题。这是近年来屡次出现"菜贱伤农""瓜贱伤农"等农产品销售难问题的主要原因,也是影响农村信息化平台建设深化发展的重要因素之一。所以,加强宣传教育,引导农民转变传统观念迫在眉睫。要将信息化知识的普及所带来的效益告知农民,增强其对信息的兴趣,让使用信息成为农民的习惯。如此,农村会逐渐形成乐于使用、乐于维护、乐于投资信息化设备的局面,并最终实现农村信息化建设的可持续发展。鉴于农民对大众传播媒介的使用仍旧习惯于娱乐、消遣,可在农村举办各种"三农"文化活动来进行媒介信息宣传。例如,在农闲时可以把农民组织起来,统一阅读,集体讨论,加强交流,建立有效的信息沟通渠道。此外,举办这些乡村文化活动,可以让农民通过媒介获得的知识有展示的机会,增强学习信心,提高对媒介的理解能力,让农民对于媒介带来的益处有种"纸上得来终觉浅,绝知此事要躬行"的认识。

2. 整合各类农民教育培训资源,多渠道培育农民的信息素养

整合利用农业广播学校、农业科研院所、涉农院校、农业龙头企业等各类资源,加快构建高素质农民教育培训体系。加

强对农村劳动力的职业技能培训,积极开拓劳务市场,大力培育和发展劳务中介组织,促进农村剩余劳动力的有效转移,提高劳务输出的质量和效益。农业院校图书馆的馆藏重点在农业方面,而图书馆馆员在文献信息的搜索及信息的深层次处理方面有许多宝贵的经验,把这两种资源结合在一起对农民进行帮助必然会实现资源的最优组合,从而提高农民的信息捕捉能力。

针对乡村振兴的需要,调整专业人才培养结构,重点培养一批能适应国际市场、把握市场信息和能运用现代化管理技术的农村经营决策人才,培养一批有信息技术实际操作能力的基层工作人员。同时,现代信息技术作为农业信息化建设的必备基础,现代信息技术课程应被列入农村成人教育各专业的教学计划,使农民大学生尽快掌握运用现代信息技术的基本知识和技能,培养出多层次的农村信息应用人才。

3. 促进农民思维方式的转变,激发农民的信息需求

在大数据广泛应用的新时代,农业生产信息的规模性和复杂程度受社会数据量的印象呈指数级增长,传统农业思维模式将会变得相对狭隘,因此新时代农民个人应该摆脱以往陈旧的观念,从大数据应用技术的角度出发树立全局意识来重新审视农业生产工作,以技术力量代替人力资源,提升自身信息素养,利用农业大数据平台等信息工具获取有效信息,提高农业生产的智能化、精准化。但目前农村教育相对落后,农民普遍文化水平和综合素质都不高,学习新技术新思维都有很大困难,因此,要加快促进农民思维方式的转变,提升农民信息意

识。这需要不断加强大数据平台等信息化手段的正面宣传,推广信息平台的应用、利用村级信息站点发挥示范带头作用,开展信息素养教育培训,提高农民的信息学习动力和自主创新能力,增强农民的信息需求意愿。

信息需求是农民提升信息素养的最大内在动力,但信息需求不会凭空产生,市场经济下,农民的信息需求往往跟收入相关。信息经济学家阿罗曾说:"获取信息本身就是一项深思熟虑的决策。"[1]在互联网经济时代,培育并迅速壮大用户群,进而让用户产生信息依赖是很多互联网企业的成功之道,提升农民的信息素养在很大程度上需要将农民培育成信息服务的用户,信息需求自会随之上升。如何培育农民用户、激发农民的信息需求,最重要的就是要努力做到信息服务和农民增收密切相关,形成信息服务与农民收入增长的正反馈。信息意识越强、信息应用水平越高的农民,其开拓农产品市场的能力应该也越强,收入也越高。只有这样,这种良性循环才能逐渐形成,农民信息素养水平才会提高。

4. 加大对农村基础信息设施建设投入力度,提高农民信息获取能力

提升农民信息素养,离不开农村信息基础设施的支撑,我国有很多农村地区的信息化基础设施比较滞后,满足不了农民日益增长的信息需求。相当一部分农村地区基站数量少、网络信号差、网速慢等现象突出。要加大资金投入,完善农村信息

---

〔1〕 彭国莉:"新农村建设背景下的农民信息素养现状及规划",载《求索》2006年第6期。

基础设施建设，为农民提供获取信息的服务保障。首先，政府管理部门应加强信息服务设施基本建设的投入，建立健全尚未完善的法规、机构、体系以及设备等信息基础设施。其次，建立有效的信息来源，如建立贴近农民的农村信息服务站、村级图书室或网络室等来满足农民的信息获取需求。最后，政府管理部门特别是贴近农民的村委会应多组织他们进行提高信息获取能力的培训，上级部门应给予经费上的保障，在基层落实国家涉农政策，逐步提高农民的信息获取能力。

案例：眉县：搭建惠农直播平台让"金蛋蛋"变成了"钱串串"

金秋时节，硕果飘香，我国猕猴桃产业的主产区之一的陕西省眉县迎来猕猴桃丰收季。伴随着电商产业的发展，今年这里的猕猴桃搭上了直播带货的快车，让长在地里的"金蛋蛋"变成了"钱串串"。农民钱袋子鼓了起来，生活也有了新的期盼。

眉县位于陕西关中平原西部，全县猕猴桃种植面积30.2万亩，年产量约50吨，综合产值约52亿元，猕猴桃产业成为当地农民增收的支柱产业，是农民心中的"金蛋蛋"。

魏某旗是眉县首善镇建梅便利店的一名卷烟零售户，从事卷烟经营十多年，在经营之余，也种植猕猴桃6亩，年收入超过10万元。像魏某旗这样的卷烟零售客户，在全县还有500多户。目前，全县有52%的卷烟零售客户种植猕猴桃或从事相关产业，87%的农村卷烟零售户种植猕猴桃。

今年以来,眉县烟草专卖局(分公司)在客户服务过程中发现,零售客户在销售猕猴桃的过程中,更多地采取微信朋友圈推销等传统电商模式,销售进度慢,增收很不明显。思考着如何另辟蹊径解决好这个问题。

马某妮是眉县烟草专卖局(分公司)的一名党员客户经理,早在疫情期间,就利用单位的"成美在线直播"平台积极开展线上客户服务,及时回应客户经营困惑,开展经营指导,实实在在地帮助客户解决了卷烟经营中的问题。

9月12日,小马在拜访眉县首善镇建梅便利店时,老板魏某旗一脸愁容地说,现在到了猕猴桃销售的旺季,村里有的邻居在利用直播带货推荐猕猴桃,不仅卖得快,价格也能稍微高点,他是既羡慕又着急,但苦于自己对直播一点也不懂。

小马灵机一动,想到县局(分公司)有现成的直播设备,自己也有"成美在线直播"的工作经历,何不帮客户在线直播卖猕猴桃呢?这个小小的想法一萌生,小马说干就干,及时向客户详细了解猕猴桃的卖点,认真地策划直播的串词、道具等准备工作。

9月20日,直播活动正式开始,眉县烟草专卖局(分公司)组织党员干部走进客户田间地头,由小马担任主播,其他同事积极协助开展摄像、灯光等工作,直播中既推荐眉县猕猴桃的特色,也与网友积极互动,把眉县猕猴桃"酸甜刚刚好"的品质向国内外的网友传播,一个多小时的直播,下单量120余个,销售猕猴桃1000余斤,成交金额7000余元。

牛刀小试,战果辉煌。眉县烟草专卖局(分公司)乘势而上，接连又开展直播销售猕猴桃12场次，累计成交金额7.68万元。零售客户王某梅高兴地说，今年多亏了烟草公司的客户经理，她们帮我在网上卖猕猴桃，订单一个接着一个，今年的猕猴桃比往年多卖5000多元。（来源：中国农网）

案例：广西环江特色农产品搭上"电商"快车 腊香猪、牛肉干，你"下单"了吗？

"滴滴哒""滴滴哒"……10月中旬，记者走进位于广西环江毛南族自治县的香宝食品有限公司，在客服部，客服人员网上接单不断，打印机里不停地吐出货单。

记者了解到，这家企业主要生产的是腊香猪、腊猪耳朵、腊肠等农特产品，还有猪肉干、牛肉干等即食食品。

从2019年6月开始，该企业开始涉足电商行业，目前在"拼多多"和"京东"等网购平台消费者都能买到他们的产品，广西环江香宝食品有限公司副总经理彭壮兵介绍："我们网上卖得最火的就是猪肉干、牛肉干、腊肠，这三款是最火的。"

目前电商渠道销售已经占到该企业销售额的70%以上，通过电商，让更多的消费者认识到了环江的优质农特产品，彭壮兵表示，今年的出货量较往相比增长了300%。如今，每天的网上接单量在1000单至2000单左右，每月的销售额达300万至400万。

彭壮兵表示，一年时间里，他们的产品能在电商平台取得不错的成绩，离不开县党委和政府的支持，环江的电子商务公共服务中心经常组织电子商务方面的业务培训,公司里的员工经常得到培训学习,使得业务方面的知识进步很快。

今年五月,作为全国唯一的毛南族自治县,广西环江正式宣布退出贫困县序列,毛南族也实现了"整个民族的脱贫"。然而脱贫只是第一步,为产业发展注入数字化的力量,才是持久增收的路径。目前,环江143个有脱贫摘帽任务的行政村(社区)全部有新型农业经营主体或有产业基地覆盖,76个贫困村每个村有不少于3名创业致富带头人,发展优质稻、桑蚕、杉木、柑橘、香猪(鸡、鸭)和油茶、菜牛等"5+2"特色产业,覆盖贫困户21 339户。

尽管县里电商运营基础薄弱,今年6月,广西环江毛南族自治县县长黄炳峰还是尝试了当下颇为流行的电商直播带货,希望可以提高当地农户和企业应用互联网的意识,加快数字基础设施建设,让这个刚刚摆脱贫困的地区,能够在新的市场环境中仍然迈得开步子。这是今年退出贫困县序列后,环江首次开展的政企合作电商直播带货活动。此次直播带货活动的重点为环江最有特色的香猪、香牛、香鸭、香米和香菇等"五香"农产品。直播活动共吸引超过75万名网友围观,承接这次环江好货售卖的"广西特色环江馆"店铺粉丝数提高240倍。

2020年上半年环江毛南族电子商务进农村综合示范项目继续推动县域电子商务的发展,除了做好电商公共服务、人才培训、对农特产品溯源、深耕县域公共品牌之外,还完善了县、乡、村三级物流体系,推进了服务站点乡村智慧APP的注册和使用。(来源:农民日报)

新时代农民生态素养

农业、农村、农民问题是关系国计民生的根本性问题,党和国家历来高度重视"三农"问题的解决。中国特色社会主义进入新时代,农业全面升级、农村全面进步、农民全面发展成了"三农"工作的重要目标。为此,党的十九大报告首次将乡村振兴提高到了前所未有的战略高度。这是党和国家对"三农"工作作出的重大决策部署,是加快城乡一体化和农业农村现代化的现实需要。其中,加强农村生态文明建设是乡村振兴战略实施中的重要内容之一。农村生态文明是生态文明理念在农村地区的具体体现,人与自然和谐相处是农村生态文明的本质和核心。农村生态文明是农村一切发展的基础,没有良好的生态环境,就没有农村的全面发展。

但是,随着全球化进程的加快,世界各国人们之间的交往日益频繁,资源的需求和交换也显著增加。由于对资源的过量开采,打破了原有的生态平衡,导致生态问题不断凸显,困扰整个人类的生存与发展,我国也不例外。作为幅员辽阔、农村

第六章 新时代农民生态素养

土地面积占国土总面积大多数的发展中国家，我国的生态问题在经济发展水平不同、布局千差万别的农村更具多样性。尤其是近年来，随着我国农村经济的快速发展，农民的生活水平不断提高，消费水平大幅提升，随之而来的生活污染日益加剧、农业水源和土地污染加重、工矿污染严重、饮水安全存在隐患等环境问题十分突出，已经成为影响农村地区居民生产生活、农村城镇化建设和可持续发展的重要因素。究其原因，在于当前农村过于强调经济发展，忽视了生态保护等其他方面的发展，甚至不惜以牺牲环境资源为代价来获取经济利益。这种竭泽而渔的发展方式，导致农村生态环境逐渐恶化，严重制约了农村地区的全面可持续发展。尽管国家也出台了一系列相关的政策措施，但未能达到理想的效果。其中，农村地区居民对于生态保护的重要性认识不足，环保意愿不强烈，环境破坏行为屡禁不止的情况，是导致农村生态问题突出的根本原因。因此，要从根本上解决农村的生态问题，必须要提高农民的生态素养，这是实现农村经济社会可持续发展的根本途径。

加强农村生态文明建设，实现乡村生态振兴，要充分重视并发挥农民主体作用。农村生态文明建设是改善和保护农村地区生态环境，建设生态宜居乡村的重要举措，而农民作为农村生态文明建设的责任主体，既是建设者也是受益人。同时，农村生态文明建设作为一项群众性的实践活动，活动成功与否的关键取决于农民的主体地位是否得到确立，取决于农民是否具有主人翁精神，取决于能否最广泛地调动农民群众的积极性和创造性。因此，新时代加强对农民生态素养状况的关注与研究，对于培育生态型新农民,加强农村生态文明建设,构建美丽和谐的社会主义新农村,实现全面建成小康社会具有非常重要的意义。

一、生态素养相关概念及理论基础

(一)生态素养相关概念

1. 生态文明

生态文明是人类文化发展的一个新阶段,即工业文化之后的一种全新的文明面貌。生态文明是人类遵循人、自然和社会和谐发展这一客观规律所取得的物质和精神成果的总和。它是一种以人和自然、人和人、人与社会和谐共生、良性循环、全面发展、持续繁荣为基本宗旨的社会形态。生态文明是人类为保护和建设美好生态环境而取得的物质成果、精神成果和制度成果的总和,是贯穿于经济建设、政治建设、文化建设、社会建设全过程和各方面的系统工程,反映了一个社会的文明进步状态。生态文明是中国共产党第十七次全国代表大会倡导和要求的,它已经成为一种指导思想和行为模式,必须得到充分的理解和有效的实践。

2. 生态素养

生态素养是人们在学习和生活中逐渐学习积累而形成的关于生态知识、生态意识和生态行为能力的综合素养。生态素养是指人类的关注点不仅仅在保护环境这一小的范围内,也包括对于自身的生存环境以及与周围物种、周围环境的密切联系,还包括在这些状态与联系下所构建出来的文明状态。它是一种通过后天培养,人们能够以生态价值为基础,以顺应自然、尊重自然、保护自然为原则，与自然和谐相处的综合素养。这一素养强调的是个体内在品质与外在行为的统一以及对自然生活环境的态度和责任感。它主要包括生态知识素养、生态情感素养和生态行为素养三个方面。生态知识素养主要是指个体对于生态文明知识的了解与掌握，它是最基本的生态素养，并是生态情感素养与生态行为素养的基础。生态情感素养是个体对于生态环境保护的意识、态度、责任感的具体表现。生态行为素养则强调个体保护环境的能力与行为规范，这是影响生态环境保护与治理的重要因素，缺少实际行动，公民的生态素养则无从谈起。具有生态文明素养的个体将所获得的生态文明知识内化为自己的一部分，会形成自己独特的生态文明世界观，以更加宽容的态度对待其他物种和自然环境，以更理性的方式处理人与自然、其他物种的关系，以更加和谐的方式利用自然资源以达到人类生活水平的可持续提高，以更具整体观、大局观的方式生产生活。

（二）新时代农民生态素养培育的理论基础

1. 马克思恩格斯的生态文明理论

（1）马克思恩格斯人与自然辩证统一的生态思想。人、自然、社会是生态文明的三个基本要素。其中，人的存在是人类社会历史发展的前提和基础，马克思和恩格斯在《德意志意识形态》中指出："全部人类历史的第一个前提无疑是有生命的个人的存在。因此，第一个需要确认的事实就是这些个人的肉体组织以及由此产生的个人对其他自然的关系。当然，我们在这里既不能深入研究人们自身的生理特性，也不能深入研究人们所处的各种自然条件——地质条件、山岳水文地理条件、气候条件以及其他条件。任何历史记载都应当从这些自然基础以及它们在历史进程中由于人们的活动而发生的变更出发。"[1]人是人与自然关系的主体,相对于自然界中其他生物而言,人是有意识的,人的意识具有主动创造性和自觉选择性,人能够通过实践活动认识和改造自然,在这个过程中,人与自然之间相互影响。人们正是在认识和改造自然的过程中相互之间发生一定的联系和关系,在这些社会联系和社会关系的范围内,才会形成对自然界的影响。正如马克思所说:"只有在社会中,自然对人来说才是人与人联系的纽带。"[2]在马克思主义自然观中,所谓的自然是指人类生存与活动的环境、人类的生产要素以及人化自然的有机统一。

人类生存和发展离不开自然,自然是建设生态文明的基础。自然界为人类提供物质和精神食粮以及生产生活资料,人与自然是有机统一的,人本身就是自然界的一部分,人离开自然界,则无法生存和发展。马克思认为,"从理论领域来说,植物、动物、石头、空气、光等,一方面作为自然科学的对象,另一方面作为艺术对象,都是人的意识的一部分,是人的精神的无机界,是人必须事先进行加工以便享用和消化的精神食粮;从实践领域来说,自然界,就它自身不是人的身体而言,是人的无机身体;人靠自然界生活;人的肉体生活和精神生活同自然界相联系,不外是说自然界同自身相联系,因为人

---

[1]《马克思恩格斯文集》(第1卷),人民出版社2009年版,第519页。
[2]《马克思恩格斯文集》(第1卷),人民出版社2009年版,第187页。

是自然界的一部分"。[1]自然环境是影响人类发展的重要因素,恩格斯指出,"人本身是自然界的产物,是在自己所处的环境中并且和这个环境一起发展起来的"。[2]人与自然是命运共同体,保护好自然是实现人的全面发展的基础和保障,也是生态文明建设的必然要求和实现经济社会高质量发展的必要条件。

(2) 马克思有关农业遵循生态规律的思想。注重发挥科学技术对促进农业生态化发展的重要作用。在马克思看来,农业发展要十分重视科学技术的作用,尤其要注重发挥科学技术对于促进农业向生态化转变的作用。马克思指出在自然肥力相同的各块土地上,同样的自然肥力能被利用到什么程度,一方面取决于农业中化学的发展,另一方面取决于农业中机械的发展。可以用化学的方法(例如对硬黏土施加某种流质肥料,对重黏土进行熏烧)或用机械的方法(例如对重土壤采用特殊的耕犁),来排除那些使同样肥沃的土地实际收成较少的障碍。在这里,科学技术对于农业发展的作用,是指通过运用科学技术改良农业耕作方式、施用有机肥料等途径来提高农产品产量和农业生产率,促进实现农业的生态化发展。

人类应秉持可持续发展的生态理念并在尊重自然规律的基础上发展农业。人类要正确认识自然、善待自然、保护自然,在遵循自然发展规律的基础上从事农业生产。因为人类在农业发展过程中只有秉持可持续发展的生态理念,遵循自然规律,

---

[1] [德] 卡尔·马克思:《1844年经济学哲学手稿》,中共中央马克思恩格斯列宁斯大林著作编译局译,人民出版社2014年版,第52页。
[2]《马克思恩格斯文集》(第9卷),人民出版社2009年版,第38页。

合理地利用自然资源，自然才能源源不断地为人类的农业发展提供肥沃的土地、纯净的水源和清洁的空气；反之，如果人类违背自然规律，过渡开发利用土地等自然资源，采用不合理的耕种方式，那么，人类将会遭到自然的报复并失去农业发展的基础。正如马克思在评价北美地区的农作物种植时指出，"在北美地区，绝大部分的土地是自由农的劳动开垦出来的，而南部的大地主用他们的奴隶和掠夺性的耕作制度耗尽了地力，以致在这些土地上只能生长云杉，而棉花的种植则不得不越来越往西移"。[1]因此，在农业发展过程中，人类要牢固树立可持续发展的生态理念，遵循自然规律，注重保护生态环境，进而实现农业的可持续发展。

根据马克思恩格斯的生态文明理论，人与自然之间是密不可分的，人类离不开自然，自然对于人类的生存和发展至关重要，人类在发展过程中，始终要有保护自然环境的意识，尊重自然规律，要拥有热爱自然的情感并付诸保护自然的行动，只有这样，自然界才能为人类提供源源不断的物质财富和精神财富，促进人类社会的可持续发展。因此，在农村生态文明建设过程中，首先要着力培养和提高农民的生态素养，引导农民树立人与自然和谐相处的自然观，在日常生活中，要有爱护自然、保护自然的意识；同时在遵循自然规律的基础上，发展绿色生态农业，进一步实现我国农业农村的可持续发展，促进农民的全面发展。

---

[1]《马克思恩格斯文集》（第9卷），人民出版社2009年版，第184页。

2. 从毛泽东到胡锦涛关于生态文明建设的基本理论

（1）毛泽东的生态文明思想。在关于人与自然关系的阐述上，毛泽东认为："自然界有抵抗力，这是一条科学规律，你不承认，它就要把你整死。"[1]这句话意味着人类应当遵循大自然自身发展的规律，按规律办事，否则，大自然将以残忍的方式来报复人类。毛泽东指出："天上的空气，地上的森林，地下的宝藏，都是建设社会主义所需要的重要因素。"[2]在新中国成立前后，毛泽东也特别强调要节约资源和力戒浪费。譬如，他在《在晋绥干部会议上的讲话》中指出："必须注意尽一切努力反对任何人对于生产资料和生活资料的破坏和浪费。"[3]这些论述对于我们形成善待自然资源意识、养成节俭生活作风提供了理论支持。

（2）邓小平的生态文明思想。邓小平的生态文明思想主要体现在两个方面，一是关于生态文明理念的认知层面。他强调，要重视农田水利建设，大力植树造林，保障良好环境，环境保护好了可以反过来促进经济的健康发展等。其讲话内容主要有："必须大力提倡修筑塘堰，发展小型水利"，[4]"要考虑对原来的水利建设工程进行修补"。[5]邓小平认为发展经济与良

---

[1]《毛泽东文集》（第7卷），人民出版社1999年版，第448页。
[2]《毛泽东文集》（第7卷），人民出版社1999年版，第34页。
[3] 顾龙生编著：《毛泽东经济年谱》，中共中央党校出版社1993年版，第249页。
[4] 中共中央文献研究室、中共重庆市委员会编：《邓小平西南工作文集》，中央文献出版社2007年版，第456页。
[5]《邓小平文选》（第1卷），人民出版社1994年版，第326页。

好的生态环境之间是统筹兼顾的关系。由以上论述可知,邓小平的生态文明思想为科学发展观的形成奠定了理论基础。二是关于"实现人与自然和谐、推进生态文明的实践路径和现实保障层面"。[1]邓小平从我国生态文明建设的现状出发,把马克思主义生态思想与中国的生态现状结合起来,理论联系实际,使中国的生态环境现状得以好转。

(3) 江泽民的生态文明思想。江泽民继承了马克思主义生态观,阐述了人与自然要和谐相处的观点。要求人们要善待自然界的一草一木,珍惜大自然所赐予人们的丰富资源;要求人们要看到良好的生态环境给人们带来的价值,从自己做起,爱护生态环境;要求人们摒弃片面发展观,树立全面发展观,在注重经济和社会发展的同时,更要重视生态发展。江泽民重点围绕"协调发展"论述生态问题,这里的"协调"囊括人与自然、人与人、各民族之间、地区与地区之间的协调。这一观点与马克思的生态观是一脉相承的,他从哲学的角度论述了人与自然的辩证关系,提倡人类应该以科学的态度与自然相处。

(4) 胡锦涛的生态文明思想。胡锦涛的生态思想中贯彻了以人为本的理念。他认为,以人为本不只包括人与人之间的平等,还应包括人与自然之间的平等。他反对以人类自身为中心,认为人具有主观能动性,我们既要考虑自身对物质和精神生活的需要,还要顺应自然界的发展规律,使生态系统维持其固有的稳定性。胡锦涛在党的十八大报告中作出的相关论断

---

[1] 汪希、刘锋、罗大明:"邓小平生态文明建设思想的当代价值研究",载《毛泽东思想研究》2015年第1期。

为：首先，面对资源不合理开发的现状，提出对经济活动中的有关主体予以制裁；其次，针对资源的不合理开发，提出杜绝各行各业中存在的铺张浪费行为；再次，提出了生态文明建设的基本目标；最后，提出完善制度以提高人们的生态意识。

3. 习近平生态文明思想

（1）人与自然和谐共生的生态思想。人与自然是命运相连的共同体，人类的繁衍以及社会的发展都离不开自然，自然为整个经济社会的繁荣与发展奠定了前提和基础，人类利用自然界创造了丰富的物质财富和精神财富。人类文明正是在人与自然的相互作用中孕育成长，生生不息，绵绵不绝。因此，人类应坚持与自然和谐共生，维护人与自然之间形成的生命共同体，要对自然界怀有敬畏之心、感恩之情、报恩之意，秉持尊重自然的态度；要使人类的活动符合自然界的客观规律，按照自然规律办事；人类在向自然界所索取的同时应善待自然、保护自然，只有这样才能获得自然的回馈，否则，只会遭到自然惩罚。因此，要牢固树立人与自然和谐相处的生态价值观并自觉体现在社会生产生活的方方面面。

（2）绿水青山就是金山银山的发展理念。"绿水青山就是金山银山。"[1]保护好绿水青山是获取金山银山的前提和基础。绿水青山是获得金山银山的源头活水。绿水青山是大自然赠予人类最宝贵的财富，保护好绿水青山就是保护好生产力。绿水青山就是金山银山是对经济发展与环境保护辩证统一关系的深

---

[1] 习近平：《习近平谈治国理政》（第2卷），人民出版社2017年版，第393页。

刻诠释。因此，在发展的过程中，要牢固树立绿色协调可持续的发展理念，改变传统粗放型的发展方式和生活方式，着力推进绿色发展、循环发展、低碳发展，把生态环境优势转化成生态农业、生态旅游业等生态产业优势，走经济发展与环境保护相统一的绿色发展之路。

（3）农业生态化发展的思想。实现农业绿色化、生态化发展是现代农业发展的必然趋势和主要方向，是提高农业生产率的必然要求，有助于转变农业增长方式，促进农业的可持续发展。为此，一方面，要坚持新的农业效益观，摒弃过去传统农业的效益观，即现代农业发展不仅要重视经济效益，同时要兼顾生态效益和社会效益，实现三者的有机统一，将农业作为一个系统工程来抓，发挥总体效益。其中，注重生态效益是现代农业发展的一个非常重要的目标，农业的发展不仅要实现农民增收致富，同时在发展的过程中要注重保护生态环境。因此，在农业发展过程中，要坚持绿色、可持续的发展理念，注重运用生态规律来进行农业生产，着力实现环境保护与农业发展并重。另一方面，要积极发展高效生态农业。"高效生态农业是集约化经营与生态化生产有机耦合的现代农业。它以绿色消费需求为导向，以提高农业市场竞争力和可持续发展能力为核心，兼有高投入、高产出、高效益与可持续发展的双重特征。"[1]高效生态农业是实现农业现代化发展的重要实践，是实现农业绿色化、生态化发展最为有效的方式。因此，要因地

---

[1] 习近平：《之江新语》，浙江人民出版社2007年版，第109页。

制宜大力发展高效生态农业，坚持农业绿色化、生态化的发展方向。习近平生态文明思想为推动我国农村生态文明建设，培养和提升农民生态素养提供了重要的理论遵循。农民是实施乡村生态振兴战略的主要推动者，农民生态素养状况如何，直接影响农民对人与自然关系的看法以及能否发挥主观能动性来投身农村生态文明建设。提升农民生态素养，是新时代提升农民综合素质，培育新型农民的重要内容，也是新时期实现农民全面发展的必然要求。

4. 中国传统文化中的生态思想

在中国传统文化中，儒家、道家、佛家都十分重视自然，并形成了各自的生态思想。儒家中孔子、孟子的生态思想尤为突出。孔子提出的"仁爱"思想，从人与人层面上升到人与自然的层面，认为人与自然应保持和谐关系。孔子认为"知者乐水，仁者乐山。知者动，仁者静。知者乐，仁者寿"。[1]孔子把智者、仁者和山水结合起来，认为人只有亲近大自然、热爱大自然，才能得到永续发展。孟子主张顺应农时。孟子说"五亩之宅，树墙下以桑，匹妇蚕之，则老者足以衣帛矣。五母鸡，二母彘无失其时，老者足以无失肉矣。百亩之田，匹夫耕之，八口之家足以无饥矣"。[2]大概意思是农妇在五亩宅地的桑树上养蚕，那么老人就可以有足够的衣服穿了。只要有五只母鸡、两头母猪，并且按时饲养，那么老人就有肉吃了。孟子

---

[1] 立人主编：《论语》，天地出版社 2017 年版，第 110 页。
[2] （战国）孟子：《孟子》，弘丰译注，中国文联出版社 2016 年版，第 314 页。

重视时节的重要性，认为人必须顺应自然规律，按自然规律办事。

佛家文化源于古印度，后来经过发展和变化，形成具有中国特点的本土文化。佛家强调"众生平等"，认为世间万物，不论强大还是弱小，地位都是平等的，没有高低贵贱之分。人和自然也具有相同的地位，人应当善待自然、尊重自然。

道家以"道"为核心，主张道法自然，提出道生法，有朴素的辩证法思想，在"诸子百家"中占据重要地位，不仅对中国的文化产生了重要影响，也对当今世界的生态问题解决提供了可借鉴的经验。

道生万物，"道"是天地之母，是万物之源。规律具有客观性，不以人的意志为转移，所以万事万物都需要遵循规律，与自然和谐相处。老子在《道德经》第25章中提到，"有物混成，先天地生。寂兮寥兮，独立而不改，周行而不殆，可以为天地母。吾不知其名，字之曰道，强为之名曰大。大曰逝，逝曰远，远曰反。故道大，天大，地大，人亦大。域中有四大，而人居其一焉。人法地，地法天，天法道，道法自然"。[1]老子认为有一种混沌的物体，产生于天地出现之前。寂静，独立而不变，按周期运动而不停歇，可以作为万物的根源。因不知道它的名字，只能把它称作道，勉强称为大。因为道是无穷大的，所以天、地，包括人也很大。宇宙中有四个大，人是其中的一大。人遵循地的规律，地遵循天，天服从道，而道是自然

---

[1] 唐品主编：《道德经》，天地出版社2017年版，第110页。

而然的。

儒家、佛家、道家的生态思想各有侧重点，却也有共同点，即都强调人应与自然和谐相处。人和自然和谐相处的思想为研究农民生态素养提供了重要的理论基础。

二、新时代加强农民生态素养培育的必要性及重要意义

中国是农业大国，要实现生态文明建设的目标，必须加强农村的生态文明建设，农村生态文明建设，除了政府需要发挥其主导作用，还必须依靠广大农民的力量，因为农民不仅是生态文明建设的受益者，也是农村生态文明建设的主力军。农民生态文明素养是农村生态文明建设的关键，也为农村生态文明建设提供了新内容。因此，提升农民生态素养是十分必要和至关重要的。

（一）新时代加强农民生态素养培育的必要性

1. 是促进中国特色社会主义制度下新型农民培养的必然要求

习近平总书记强调："生态文明建设同每个人息息相关，每个人都应该做践行者、推动者。要加强生态文明宣传教育，强化公民环境意识，推动形成节约适度、绿色低碳、文明健康的生活方式和消费模式，形成全社会共同参与的良好风尚。"[1]新型农民是社会主义新农村建设的重要基础，因为农

---

[1] 习近平：《习近平谈治国理政》（第2卷），外文出版社2017年版，第396页。

民是农村的主体,新农村要靠新型农民来建设。从建设社会主义新农村的实际出发,对新型农民在素质方面的基本要求是有文化、懂技术、会经营。有文化,是指新型农民必须具备一定的文化知识基础。农民知识化进程的快慢,在很大程度上决定着农业和农村现代化发展的步伐,决定着我国经济社会发展战略目标的实现。推进我国农村社会建设根本在于提高农民素质。懂技术,是指新型农民必须具备一定的农业科学技术基础。只有大量的农业科技成果最终被农民所掌握,才能转化为现实生产力,才能使更多的农民适应农业专业化、规模化和科技化发展的要求。会经营,是指新型农民必须具备一定的适应市场经济发展的经营管理基础。千方百计增加农民收入,是建设社会主义新农村的基本出发点。许多农村的实践证明,在市场经济日益发展的历史条件下,如果农民光靠"面朝黄土背朝天"是不可能走上致富之路的。许多首先富起来的农村、农民,都是靠在具有一定生态素养的基础上发展现代农业而实现致富的。其中,生态素养是新型农民有文化的重要体现。新时代,生态农业是农业发展的新型模式,是农业可持续发展的重要途径。生态农业的生产以资源的永续利用和生态环境保护为重要前提,充分发挥资源潜力和物种多样性优势,促进农业持续稳定的发展,实现经济、社会、生态效益的统一。而生态农业的发展离不开生态农村建设的主体——生态农民。生态农民应具备生态意识强烈、生态文化富有、生态技术先进、生态创新高效的素质,这就需要加强农民生态素养的培养,强化农民的生态意识,扩充他们的生态知识,引领他们认识、使用最新的生态技术，并且激励他们自我教育、自我管理、自我创新。

2. 是推进中国特色社会主义制度下新农村建设的必然要求

中国特色社会主义制度下新农村建设的具体要求是"生产发展、生活宽裕、乡风文明、村容整洁、管理民主"。其中，乡风文明建设作为乡村精神文明建设的传统文化根源，在乡村振兴发展的各个环节发挥着提纲挈领的精神引领作用，始终是乡村建设的精神文明灵魂所在，同时也是乡村振兴战略实施的精神智力支撑。党的十九报告中明确提出，实施乡村振兴战略要以产业兴旺、生态宜居、乡风文明、治理有效、生活富裕为总要求。乡风文明是乡村振兴战略实施的必不可少的内在要求之一，同时它与其他几项要求有着辩证统一关系。乡风文明是产业兴旺、生态宜居、治理有效、生活富裕的精神保障，而产业兴旺、生态宜居、治理有效、生活富裕又为乡风文明提供强有力的物质、环境保障。其中，农民素养尤其是农民生态素养是乡风文明的重要体现，而农民生态素养的高低直接影响到乡村振兴战略的实施效果。通过加强农民生态素养培育，提振农民精气神，引导他们增强生态意识，使其养成良好生活、行为习惯；调动其参与乡村振兴战略的积极性、主动性和创造性；增强他们开发生态技术的能力，在转变农业生产方式和经营活动、营造和谐的人与自然关系的同时推动农业生产大发展、农民生活更富裕，进一步增强建设社会主义新农村的信心，为社会主义新农村建设创造有利的条件。

3. 是加快中国特色社会主义制度下生态文明建设的必然要求

党的十八以来,党和国家领导人高度重视生态文明建设,并对生态文明建设和生态文明保护提出一系列新思想、新论断及新要求,为努力实现美丽中国,实现中华民族永续发展的美好愿景指明了前进方向。习近平总书记强调,建设生态文明,关系人民福祉,关乎民族未来。生态环境保护是功在当代、利在千秋的事业。要清醒认识保护生态环境、治理环境污染的紧迫性和艰巨性,清醒认识加强生态文明建设的重要性和必要性,以对人民群众、对子孙后代高度负责的态度和责任,真正下决心把环境污染治理好、把生态环境建设好。这些论断表明了中国加强生态文明建设的坚定意志和决心。

虽然中国的生态保护工作已取得一些成效,但是农村生态建设依然是一个薄弱环节。我国是农业大国,农村区域比重较大,农村生态文明建设关系到我国生态文明建设的成败。农村生态文明建设需要全方位、多方面的协助。而农民作为农村生态文明建设的主体,是农村生态文明建设成败的内在因素,并且农民自身的素质又是决定性因素。农村生态文明建设属于群众性实践活动,需要发挥广大农民群众的积极性和参与性。中国拥有5亿多农民,占中国人口的2/5,失去5亿多农民的参与,或者说这5亿多农民与农村生态文明建设所要求的主体素质相差甚远,那么,任何的目标都将是一个空洞的口号。习近平同志在浙江舟山考察时发表了绿水青山就是金山银山的重要论断,而绿水青山变为金山银山需要的是政府和农民共同的努力。因为农民是农村生态文明建设的主体，同样也是农村生态文明建设成败的关键，因而农民生态文明素养的培育是农村生态文明建设的基本要求。我国农村生态环境遭受了重大破坏，生产、生活垃圾未实行分类，大量使用化肥农药污染地表等。因此，农民生态文明素养的提高对于正确处理人与自然的关系，加快推进我国生态文明建设具有重要价值。

（二）新时代提升农民生态素养的重要性

习近平总书记高度重视我国生态文明建设，并指出："要清醒认识保护生态环境、治理环境污染的紧迫性与艰巨性，清醒认识加强生态文明建设的重要性和必要性，以对人民群众、对子孙后代高度负责的态度和责任，真正下决心把环境污染治理好，把生态环境治理好，努力走向社会主义生态文明新时代，为人民创造良好的生产生活环境。"[1]然而，自古以来，人类往往更加重视知识与技能以及改造世界能力的培养与提升，忽视生态文明的建设以及人与自然关系的正确处理。新时代，在我国从"富"起来到"强"起来的进程中，在发展社会经济的同时，务必要更加关注生态文明的建设。其中，农民生态素养培育是加快推进农村生态文明建设的重要任务。

1. 有利于促进新时代人类社会发展

建设生态文明，关系人民福祉，关乎民族未来。新时代社会发展迅速，虽然人类物质生活条件得到很大程度的提高，但其思想与精神生活的提升仍有待提高。在一定程度上，社会经

---

〔1〕 习近平：《习近平谈治国理政》（第1卷），外文出版社2018年版，第208页。

济的发展反而催化了人与自然的割裂、分离。人类要正确处理好经济发展与生态环境保护的关系，牢固树立生态环境保护就是保护生产力、改善生态环境就是发展生产力的理念，更加自觉地推动绿色发展、循环发展、低碳发展，不能以牺牲环境为代价去换取一时的经济增长。人与自然是相互依存、封闭且循环的自然统一体。这个统一体的维护与主宰权掌握在人自身，在于人是否具有生态文明素养。新时代社会快速发展的同时给人类生态素养提出了更高的要求。如准确掌握生态自然相关知识及生态系统运行的基本规律，了解自己真实的生活需求，追求健康、可持续的生活方式，并能够处理好物质生活与精神生活的关系，以规范的生态行为达成与自然的和解，重拾人的自然性，促进人的全面发展等。此外，新时期绿色发展理念只有强调了人与自然的和谐共生关系，才能具有更加强悍的生命力。因此，农民的生态素养是贯彻落实新时期绿色发展理念宗旨，促进新时代人类社会发展的需要。

2. 有利于推进"美丽中国"建设

目前，我国面临的巨大的资源消耗和严重的环境污染问题是我们不得不承认的现实压力，当前的生态问题不仅制约我国经济快速、健康发展，也难以满足人民日益增长的美好生活需要。生态问题的出现引发了中国共产党对生态问题的思考，"五位一体"战略总布局也凸显了生态文明建设的地位。党的十八大报告提出了建设"美丽中国"，实现中华民族永续发展的要求。2016年十八届五中全会报告又详细阐述了绿色发展理念的重要内涵，提出坚定走生产发展、生活富裕、生态良好的文明发展道路，加快建设资源节约型、环境友好型社会，促进人与自然和谐发展。2017年10月，习近平总书记在中国共产党第十九次全国代表大会上提出，坚持人与自然和谐共生，建设"美丽中国"，为人民创造良好生产、生活环境，并强调将建设"美丽中国"的奋斗目标写进党章。面对生态问题，寻求应对措施是建设"美丽中国"的应有之义，其中公民生态素养培育是从人的角度，推进建设"美丽中国"的重要举措。只有这样才能克服竭泽而渔式的发展模式，最大限度地提高生态社会所需的绿色可持续生产力。

3. 有利于保护生态环境

现代文明的进步伴随着对生态自然的开发与掠夺，当人类向着他所宣告的征服大自然的目标前进时，其赖以生存的自然家园已伤痕累累。不仅危害了大自然中的其他物种生命，也危及了人类自身。每个物种都是生态系统中的重要一员，通过食物链的关系物种之间起到了相互辉映、相互牵制的作用。一旦食物链的某一环节出现问题，整个生态系统的平衡就会受到严重影响。历史证明由于人类的贪婪破坏了生态平衡，屡屡招来毁灭人类自己的生态灾难。而随着工业化的发展和人口压力的增大，人类必须学会与大自然和谐相处，尊重自然发展规律。2003年发生的非典疫情就与人类和野生动物的不和谐相处相关。野生动物和人一样，都是生物链中的一环，都有着生存的权利。对野生动物的残忍就是对生命的漠视。保护野生动物，就是保护我们的生态环境、保护人类自己，这不仅是一个观念问题，也是社会进步的必然，体现了公民的生态素养与文明程度。因此,对广大农村农民生态素养的培育对于保护生态环境、维护生态平衡具有重要意义。在保护生态环境方面,生态素养的培育有助于人类建立以尊重、敬畏为内容的生态态度。使人类从只关注人的发展有意识地、主动地扩展到对动植物、对自然的爱护与尊重,并能以此作为自身的实践行为是否合理与正当的标尺。还有助于人类建立以规范、克制为表征的生态行为。规范意味着应以生态平衡作为展开生产、生活行为的标准,建立人与生态自然平等互助的行为准则,克制意味着应超越主客分离的生态观,正当合理地开发利用生态自然资源。

三、新时代农民生态素养的现状、存在的问题及原因分析

自我国实行生态文明建设和新农村建设以来,农村生态状况发生了一些改变,农民的生态文明观念也有了一些改观,并能经常出现保护生态环境的行为,但是由于中国农民数量庞大,农民生态素养仍存在很多问题。

(一)新时代农民生态素养现状

在我国,农民人口占比较高,如果农村地区不稳定,整个国家的稳定就无从谈起。农村的生态文明建设作为全国生态文明建设的重要组成部分,其建设的好坏对全局具有重要影响。而农民生态素养如何,直接关系到农村生态建设。

2014 年环境保护部向媒体公布的我国首份《全国生态文明意识调查研究报告》指出,我国公众生态文明意识呈现"认同度高、知晓度低、践行度不够"的状态。公众对生态文明建设认同度、知晓度、践行度分别为 74.8%、48.2% 和 60.1%;

公众对建设生态文明与"美丽中国"的战略目标高度认同，78%的被调查者认为建设"美丽中国"关乎每个人，99.5%的人选择了高度关注、积极参与。[1]虽然这份数据涵盖城市和农村两个区域，但从总体趋势上看，随着农村地区的快速发展和国家对农村生态文明建设重视程度的不断加强，农民的生态意识在逐渐提高，其生态素养有一定程度的提升，具体表现在以下两个方面。

1. 新时代农民对生态文明建设的认同度不断提高

良好的生态环境需要一代人接一代人的接续奋斗，生态文明建设不是一蹴而就的事情，人们对生态文明建设重要性的认识也经历了从模糊到明晰，由不关注到逐渐重视的转变。党的十七大首次明确提出生态文明建设的概念，党的十八大把生态文明建设纳入经济、政治、文化、社会建设"五位一体"总体布局，十九大报告又提出实施乡村振兴战略，这充分体现了党和国家对生态文明建设的重视和治理环境的决心和信心。通过各种媒体的大力宣传和全国自上而下的不懈努力，爱护环境保护生态已基本成为共识，整个国家生态面貌不断得到好转。与此同时，农民的生态意识逐渐觉醒。之前，受"先发展后治理"思想的影响，农民普遍看重现实利益的获取，而对生态问题不太关注，随着农村经济实力的增强和农民生活水平的提升，他们逐渐意识到生态环境与生活质量的相互关联，对美好生态环境的渴望越来越强烈，对周边发生的非生态行为越来

---

[1] 刘丽莉："低碳经济背景下区域生态文化发展策略研究"，载《经济研究导刊》2015年第20期。

反感。农业农村发展真正按照产业兴旺、生态宜居、乡风文明、治理有效、生活富裕的总要求,逐步迈向现代化。

2. 新时代农民对生态文明建设的参与度逐渐增强

由于国家层面的高度重视、相关法律法规的逐渐完善及典型环境污染事件处置力度的逐步加大,农民对相关知识的渴望越来越凸显,希望有关部门定期为他们传授知识,加深对人与自然关系的理解,明晰人与自然关系恶化对自身生存、发展带来的不良影响。因此,对环保部门组织的环保下乡宣传活动能够主动参与,对困扰自己的问题能够主动向专业人员寻求答案,对农村开展的环境治理活动也能积极配合、参与。另一方面,他们迫切希望将知识化为实际行动,从实践做起,从身边的小事做起,不断培养尊重自然、顺应自然、按自然规律办事的习惯,自觉遵循生态伦理保护生态环境,主动约束自己的非环保行为。

(二) 新时代农民生态素养方面存在的问题

尽管通过多方面的努力,农民的生态素养有一定程度的提升,但是受经济发展水平、政策法律,农民思想文化水平等方面的限制,仍然有许多不尽如人意的地方。

1. 新时代农民生态文明知识单薄

在人与自然矛盾日益紧张的时代背景下,生态文明知识已成为顺利开展生态文明建设的重要保证。生态文明知识是个体生态文明素养的重要体现,是农民生态文明素养的一个重要组成部分,也是影响农村生态文明建设的关键因素。农民的整体文化水平较低,高中、初中以及初中文化水平以下的农民所占比例较大，掌握的生态文明知识总体上呈现不全面、不系统、不深入的特征。例如，仅部分农民了解过垃圾分类，占一半以上的农民对垃圾分类根本没有概念。同时，对于最简单的知识，如生态环境会影响人的身体健康、大量开发山林的做法不正确等有较为正确的判断外，一旦涉及较为深入和具体的生态文明知识时，农民的了解程度便有所欠缺。另外，农民长期受到农村传统陈旧思想习俗的影响，也是其对于生态文明知识的了解比较肤浅，在日常生活中关注生态文明知识的积极性不高的重要原因。

2. 新时代农民生态文明意识薄弱

大多数农民认为，农村的环境保护工作的主要责任人就应该是政府的相关部门，根本没有意识到保护环境是每个人民群众的责任，更何况是他们日复一日、年复一年一直生活的农村地区的生态环境。农民对环境问题的认知度并不高，也存在大部分农民依旧以自我利益为中心，加上其环保知识匮乏，导致其生态责任意识更加淡薄。即使大多数农民沉迷于享受城镇化带来的幸福感，而对于城镇化进程中产生的环境问题，却尽量和自己划清界限，并且弃之不顾。但是，农民生态文明意识的高低直接影响农村生态文明建设的成效。农民生态文明意识是将社会所需要的生态文明思想转化为农民的认知，再将认知转化为行为实践，并养成相应的行为习惯的过程。因此，生态文明意识是农民生态文明素养的重要组成部分。就我国农民的现状来看，我国农民的生态文明意识存在不足。部分农民缺乏正视环境问题的生态忧患意识，不能正确认识各类环境问题，对环境现状关注度较低;部分农民缺乏正确运用科技的生态科学意识,不懂得运用新型科学技术,过度施肥和灌溉;部分农民缺乏解决生态问题的生态责任意识,在处理个人利益与集体利益时,以个人利益为主。随着经济发展,农民的生态文明意识虽然逐渐觉醒,但尚不健全,对于一些重大的、具有广泛影响的生态事件缺乏了解,缺少更开阔的生态视野和情怀。

3. 新时代农民生态文明行动欠缺

生态文明行为的养成有益于促进个体身心健康,有助于推进农村生态文明的建设。对农民而言,生态文明行为更具有独特的时代价值。但是,农民日常生活和生产中的部分行为对环境存在消极影响,不符合生态文明建设的要求。例如,对于生活垃圾的处置,绝大多数人都会将垃圾随手扔在看不见的空地,正确进行垃圾分类以及再次进行回收利用的意识较弱,这是导致其行动力不强的重要原因;在对待一次性用具方面,他们对于一次性产品的使用较高,一次性塑料袋、一次性筷子,这些产品大量使用,对环境造成了较大的污染;对于秸秆的处理,大多数农民采用焚烧的方式,仅少数农民对秸秆进行了二次利用;在农业种植方面,半数的农民将增加施肥量作为主要增产方式;在农作物灌溉方面,大多数农民采用传统的灌溉方式,水资源利用率低。由此可见,农民的生态文明行为有待养成,有着极大的改善空间。

(三)新时代农民生态素养存在问题的原因分析

1. 文化程度的影响

文化程度,是表示一个国家、一个民族人口素质的重要指标,它标志着一个国家的文化教育普及和发展程度。在我国农村,文化程度是影响农民生态素养的重要原因之一。其中文化程度又与年龄差异有紧密联系。相比年龄较大的农民,"80后"和"90后"农民受教育程度较高,接受新鲜事物快,对于生态技术兴趣浓厚。特别是大学生"村官",更加热衷于低碳农业的尝试与开发。但是,农村条件待遇不高和出路不明朗等现实状况往往留不住大学生"村官"或有较高学历的年轻人,特别是条件较艰苦的偏远地区,几乎留不住人。这是当下我国农村存在的一个极其现实的问题,即缺少高知识水平、高实践能力的年轻人在农村共同奋斗,缺乏更好地推进农村文明建设的生态环境。此外,文化素质相对较高的农民,也存在知识结构不平衡的现象,这也会影响其生态素养。城市公民的文化、生态知识的掌握相对平衡,能够对生态知识有比较全面的了解。而农村由于教育条件、教育设施等相对较差,农村学校更加强调文化知识的学习,而忽略了环保知识的教育,导致农民的知识结构失衡,影响了他们对生态知识的掌握,生态文明素养的培育没有打下良好的知识基础。

2. 收入状况的影响

经济基础决定上层建筑。收入是家庭生活的保障,是影响农民的生活水平、家庭成员受教育的程度等的关键因素,同时对生态文明素养也会造成一定的影响。相比而言,家庭收入高的农民会更有意识与精力保护生态环境,创造良好的生活环境,也会因基本需求的满足而寻求更高层次的自我素质的提高,对环保的责任感更加强烈。其在一定程度上会厌恶与憎恨破坏生态平衡的现象。而对于家庭收入较低的农民来讲其为了满足基本的生活需要，或许会私自开垦田地或通过伐木营生等做出破坏生态环境的事情。总之，经济因素是影响农民生态文明素养培育的根本所在。

3. 政府管理缺失的影响

政府在承担着管理职责的同时要切实履行为人民服务的义务，并引导农民培育正确的生态素养。而随着环境保护理念的不断深入，在建设节约型社会和环境友好型社会目标的具体实践过程中，由于政府管理缺失及管理机制的不完善，各种问题纷纷暴露出来。其主要表现为：第一，管理不顺畅。各级机构不能信息共享，容易出现中间梗阻的现象，不能从上到下、从下到上顺畅地逐级传达和汇报。这主要表现在政府对环保的宣传力度不够。因为政策倾向与经济的发展，对环保工作的不重视，不能及时把环保污染的状况传递给公民。在村委宣传栏上，更多的是关于促进经济发展的新闻与宣讲等内容，而关于生态的内容很少。由于缺少引导宣传，环保的观念很难进入农民的思想里，其环保意识也会较差。第二，缺乏重视生态的意识。目前我国仍有很多政府干部存在轻环保、重经济发展的观念，并未树立正确的价值取向，仅仅把经济的提升与否作为绩效考核的内容，忽视了保护环境的重要性。这将导致政府把过多的精力投入到发展经济上去，反而带来更严重的环境生态破坏问题。

四、新时代加强农民生态文明素养培育的策略措施

基于农民生态素养存在的问题及原因分析,本书尝试提出新时代加强农民生态素养培育的策略措施。

(一)积极发展农村生态文化

生态文化是在尊重自然的前提下保护环境,并且促进资源可持续利用的文化。生态文化的形成意味着以前人类占有自然的腐朽落后观念开始进行根本性的转变,象征着从以人为中心的价值判断向人与自然和谐共处的价值取向的完美转变。生态文化是一种价值观,是人类社会与自然界互相协调的精神力量。生态文化是一种人文文化,生态文化把和谐、协调、持续、稳定、多样性等观念融入自己的伦理体系,着眼于可持续发展,既关心人的价值和精神,也关心人类的长期生存和自然资源增值。生态文化是一种积极向上的文化,生态文化提倡人与自然和谐相处的价值观,是人类根据人与自然生态关系的需求,最大限度地解决关于人与自然关系暴露的问题所折射的一些思想、观念的总和。农村生态文化的开展实施,直接影响着全面建成小康社会的落实,因此我们要鼓励农村发展生态文化,促进实现可持续发展的文化。

首先,鼓励大学生返乡发展,建设一支高素质、高水平的生态文化建设队伍。学校应积极与教育部、党政系统建立合作机制,加大针对性培养力度,形成人才输送和培养模式,大力促进和鼓励大学生返乡发展。完善机构设置、工资保障、学习培训等方面的政策,吸引优秀人才到基层,全心全意为基层服

务。公布定向培养的岗位、效益、人才输送和培养模式，尽可能多地给予优惠政策。积极落实相关政策，宣传相关政策措施，鼓励地方大学生有针对性地参加培训。为了鼓励各大学校的学生在毕业后积极到农村从事相关的文化工作，设立诸如大学生"村官"考试等各种招生考试，使得农村地区可以拥有一支有想法有活力有干劲的高素质生态文化领导小组。

其次，完善农村生态文化建设体系。中共中央财经领导小组办公室副主任杨伟民在详细解读十八大报告时指出，促进生态文明的建设迫切需要改革和创新，要进一步形成一个适用于生态文明理念要求的制度。环境法律法规的执法应当加强村民法律意识，以及教他们正确地使用法律来维护他们的权利。运用法律、法规和道德观念一起来约束村民的生态实践活动，引导其树立生态意识，促进其养成良好的生态文明行为举止。政府应该畅通监督渠道，制定相应的奖励措施，及时处理相关问题，让村民认识到政府高度重视生态环境，并且积极落实"以人为本"的理念。

最后，加大对农村生态文化建设的投资力度。生态文化的教育和有关方面的宣传都需要大量可靠且长期存在的专项资金的注入。因此，政府不仅要在这里投入大量资金，还要建立一套完整且严谨的资金管理和审计制度，使每一笔支出都透明公开。农村基础设施基本建成。一方面，政府可以投资建立一个图书馆，根据当地的实际情况，购买一些与农业新技术和生态农业经济技术相关的书籍，让农民找到更多的脱贫致富的途径。另一方面，政府可以在这方面多花资金，给农民举办相关的交流活动，组织各类农业论坛以及学术交流会，增强农民对于农业以及生态意识的认知。

（二）加大对农民生态素养模范的宣传力度

树立农民生态素养模范能够促进新时代农民在优秀典范的精神及事迹中获得认同感，提升自身的思想境界，并将优良的思想观念转化为真实举动，从而带动周边农民积极参与生态实践，提高自己的生态素养。在这个进程中，加大对优秀模范的宣传是极其关键的。优秀模范树立起以后，如果没有立刻给予相应的宣传，榜样的带动力量也会受到限制，也就没有办法发挥更为广泛的影响，个人的先进思想观念也很难转换为集体的思想观念及行动。为优秀模范实行更为普遍性的弘扬，需要通过纸媒、网络媒体和电视媒体等多种媒介对其进行具体详细的介绍和传播，以此生动地展现出模范人物的生态素养与高尚品格。当然，对于优秀模范的学习不能够单方面要求速度，而是要有坚持长久的热情，在日常具体的生态保护方面做出努力，并日复一日地为此付出。另外，宣传也应该重视长久性。所有事物在人们开始对其认识到运用将会花费一定的时间，有一个消化的进程，这就是事物的发展规律。令广大农民能够认识并感同身受优秀模范的生态素养及高尚品格是模范宣传的宗旨，为达到这个目标需要一段很长的时间。倘若没有给予优秀模范的弘扬与传播充分的时间和空间，最后所产生的效果也不会尽如人意。

（三）大力提升农村干部生态素养

在新的历史条件下，加强农民生态文明观教育队伍建设，关键在于加强基层施教队伍的培训力度。首先,加强对村干部的培训力度。村干部是农村生态文明建设的重要推动者,提高其政策理论业务水平,是提高实践能力的关键。理论使人深刻,政策使人清醒。只有具备了较强的理论政策素养,才能熟悉党的路线、方针、政策和上级的指示精神,形成科学的世界观,站在全局的高度思考问题,正确处理经济发展与环境保护之间的关系。习近平总书记指出:"人类发展活动必须尊重自然、顺应自然、保护自然,否则就会遭到大自然的报复。这个规律谁也无法抗拒。人因自然而生,人与自然是一种共生关系,对自然的伤害最终会伤及人类自身。只有尊重自然规律,才能有效防止在开发利用自然上走弯路。"[1]

通过上级培训、同级交流和下级监督的多方位教育,实现村干部生态素养的提升。此外,加重环境保护在村干部绩效考核中的比重。在绩效考核机制中,应该对放任或任由环境污染行为横行的村干部加以惩罚,用政绩的要求来加强村干部对生态文明建设的重视,引导村干部正确运用职权,建设良好的农村生态环境,间接影响农民对生态文明的重视程度,促使其生态文明素养的提升。其次,加强农业服务站工作人员的培训力度。农业服务站在农民日常的农业生产中发挥着重要作用,提高服务站工作人员生态素养对传播生态农业理论和增强技术支持具有重要意义。最后,加强对乡镇企业负责人的培训力度。乡镇企业是治理农村环境问题的重点对象,在提高广大员工生

---

[1] 习近平:《习近平谈治国理政》(第2卷),外文出版社2017年版,第394页。

态素养的过程中,要加快转变企业效益增长方式,引导企业走绿色发展道路。

(四) 探索多元生态科学知识传播方式

如今科学技术日益更新,生态科学知识不可以单单停止在简单的传播模式中,时代的成长演变给予其更多的要求和条件。在生态科学知识传播进程中,有效正确地挑选使用多种传播的方式方法,常常可以产生显著的效果。第一,利用广播、电视媒体等开设农业特色栏目,主要包括帮助农民开阔视野,解决生态生产技术难题;增加生态村庄、致富能手、创业典型等方面题材,使节目更贴近村民、贴近生活、贴近实际,让农民受启发、受影响、受教育,认识到生态文明建设的重要性,增强生态观念。第二,乡镇政府部门充分运用现有手段,加强生态保护的宣传教育。墙面板报、宣传标语、喇叭广播是政府部门宣传环保知识的重要阵地,要充分运用他们在宣传生态知识、引导生态行为方面的重要作用。第三,政府部门要适时组织宣讲团深入农村,通过政策讲解和宣传先进人物等积极因素和负面案例剖析的双向教育,引导农民对生态破坏的重新审视,强化农民在农村生态保护过程中的主体地位,增强农民参与农村生态保护的主动性。

(五) 充分完善农村生态治理体制

首先,加快农村生态法律体系建设。多年来,在环境法治方面,关于环境污染防治与自然资源保护的法律,我国已经制定了三十余部,对于环境污染防治与自然资源保护,全国人大也进行了多次严谨的执法检查。我国环境法律体系已经逐步形成,但是在法律法规的落实工作方面依然存在相关问题。只有做好做扎实农村生态法律法规的落实工作,才能规范农民的生态行为,提高其生态法律意识。法治是调节社会矛盾、维护社会和谐稳定的有力武器。我们不应该草率地保护生态环境,否则会适得其反,要按照源头严格保防、过程严格控制、后果严惩不贷的原则,进一步完善促进生态文明绿色、循环、低碳发展的有效约束机制和法律制度。同时,必须加强执法机构的建设,严格执法和公正司法,以确保环境法律法规得到执行。

其次,完善农村生态乡规民约。充分发挥村规民约和村民自治的优势。我国于2010年修订的《村民委员会组织法》第8条规定:"村民委员会应当依法对农民共同所拥有的土地和其他财产进行集中管理,引导村民对于自然资源进行合理利用,保护和改善生态环境。"农村生态环境保护是村民自治的重要内容,相应的村民自治也为村规民约发挥作用提供了充分的空间,使其可以在环保实践中得到完善和发展。培养村民环保意识和自我动手能力。尊重不同地方的风俗习惯是制定村规民约的前提条件,在其制定的过程中尊重科学、民主、合理的原则,目的是为了让村民能够形成自觉保护生态环境的意识并积极付出实际行动。在法国社会学家孟德拉斯看来,这是必然的、理所应当的,因为这是一种正确的的生活方式和工作方式。这意味着村民们不仅仅要对规则内容进一步理解和理解"遵守规则",最主要的是要把规则作为实施行动的理论依据。只有真正相信并且愿意遵守村规民约的村民,才可以将自己的角色扮演得更好。

最后，正确把握村规民约与国家法律之间的关系。乡村规章制度的制定必须按照现有的法律原则和制度，其内容和程序必须严格遵守国家法律的有关规定，对于神圣不可侵犯的宪法和法律必须严格遵守。换言之，法律也要为村规民约的制定和适用性提供系统全面的法律依据。考虑到环境问题是多变的，村庄环境保护规章制度应该更有远见，国家法律必须明确规定乡村立法的变革机制，包括建议、修改和执行，以确保修改的村落环境保护规章制度的及时性和适用性。

总之，加强农民生态素养培育，应以马克思恩格斯的生态思想为理论基础，以马克思主义中国化的生态理论尤其是习近平的生态思想为指导，博采古今中外的生态思想，在理论层面为提升农民的生态素养打下深厚的基础。在实践操作层面，应结合农民生态素养现状及存在的问题提出有效对策，这是推动农民全面发展，农村全面进步的必然要求，是实现农村生态文明建设和乡村生态振兴的重要目标和根本途径。

案例：聚焦济宁乡村振兴：生态美为乡村振兴提底气

3月8日，习近平总书记在参加十三届全国人大一次会议山东代表团审议时指出，要推动乡村生态振兴，坚持绿色发展。绿色是乡村的本色，更是乡村振兴的底色，如何将乡村生态优势转化为发展生态经济的优势，将生态负担转化为富民福祉，是实施乡村振兴战略中的重要一环。近日，大众网记者走进田间地头、乡间大棚，感受乡村振兴过程中，济宁农业发展的新气象。

塌陷地变良田水塘 生态美描绘乡村画卷

浅塘鱼游，瓜果飘香，接连成片的人工湖上碧波荡漾。济宁市任城区的喻兴生态园技术人员侯某斌看着眼前如画的景色，满心欢喜。淡水鱼工厂化养殖基地、有机水稻种植基地、有机果蔬种植基地、多功能休闲观光园，生态园规模化发展吸引了当地大学生返乡就业，侯某斌就是其中之一。"回到家乡，我感受到了生态园在现代农业和生态农业项目上的飞速发展。"侯某斌说。

说起这片生态园区，侯某斌用"一城青色半城湖"形容了眼前的景色。然而，曾几何时，这里是一片煤矿塌陷地，很难相信，"一城煤炭半城土"曾是这里的真实写照。

如今，这里土地复垦，水塘养鱼，开启了"上农下渔"的良性生态循环模式。高科技温室大棚等现代化农业设施的落成加速了当地农业产业化的进程，以改善生态环境带动新型农业发展而形成现代农业产业园区在喻屯街道乡村振兴的进程中写下了浓重的一笔。

距离此处不远的任城区大流店村，白墙红瓦，水路纵横，人在景中如身在画里。生态振兴离不开环境宜居，乡村美丽不单单是景色秀丽，还要让村民拥有更好的生活配套设施。

"我们村家家都装了壁挂炉，政府免费给装的，厨房灶台干干净净，再也不用怕烧炭熏得到处黑漆漆的。"说起气代煤这个词，很多大流店村民还都有些陌生，可是谈起去年家中，政府给装的壁挂炉，村民们个个喜笑颜开。

去年下半年，当地政府重点实施推进气代煤、天然气入村通户工程，每户补贴 8000 元，调动了全村村民安装天然气的积极性。全村 530 户全部开通了天然气，用于做饭、取暖，改善了村庄人居环境。

美丽生态孕育美丽经济。位于大流店村内的美丽经济产业园里一片春意盎然，干活的村民也忙得不亦乐乎，草莓种植户正在草莓学院里学习种植技术。

去年，美丽经济产业园项目实施土地流转 300 亩，由村集体统一流转土地建设发包给农户，由农户自主管理，村集体收取租金并负责统一种苗、统一技术、统一销售、统一包装，以村集体注册公司的形式全权管理草莓种植产业。大流店村通过探索草莓种植技术、销售、深加工等产业链，实现了科技带项目、项目带公司、公司带基地、基地带农户的良性发展。

记者算了一笔账，每个草莓大棚 1.2 亩，每亩投资种苗 5000 元左右，有机肥 800 元，人工成本 10 000 元左右。收入方面，每亩大约收获 3000 斤至 4000 斤，平均价格 10 元至 12 元。每年每亩纯利润 2 万元至 3 万元。而草莓园里价格最贵的品种的销售价格则高达 108 元一斤，利润更高。

荒山披绿 花开遍地 农民吃上"生态饭"

绿树村边合，青山郭外斜。走在汶上县白石镇夏村里，放眼望去一片碧绿，零星绽放的小花颜色各异，不远处的昙山上郁郁葱葱，广阔的乡间绿意盎然。

夏村是典型的山村，山上山下，靠天吃饭，种下的粮食几乎年年没有收成。如今，荒山上种了 300 亩茶园，山下种满了果树、百合，就连山沟里都种上了核桃。村民们说，放在十多年前,谁也不敢想象,这片土地会有一天变得如此繁茂。

伴随着生态的改良,直接的经济效益也随之而来,村里牵头农民成立专业合作社,并通过合理流转土地承包经营权,将土地流转给懂技术、会经营的种植大户、龙头企业及合作社,发展起特色农业种植,形成连片规模,每年增加集体收入15万元。

尝到了"生态饭"的甜头,村合作社又进一步开拓业务范围,投资建设了采摘园区,农民不仅有务工收入,还可以通过土地流转、入股分红、反租倒包等形式增加收入。

"采摘园的果蔬种植已初见规模,优先雇佣贫困户在这务工,工资实行按天结算,每天大约80元到100元。"夏村党支部书记吴进军说,要让村里每一个农民都能享受到生态福利。

夏村的生态发展突破性地带动了当地农业发展和经济增长,出于山区位置的考虑,村两委成员集思广益,在实现"百姓富、生态美"上下了不少功夫。

"村里种植的百合花可以做成百合花茶、食用百合等产品,可以通过电商销售出去,那么以后核桃、石榴也可以做一些加工产品往外销。"成功迈出了生态添绿的第一步后,吴进军带着村两委班子成员大胆开拓思路,开始将村里的土特产往外销。

一座荒山变金山,开了茶园,种了果树,有了特色农业和有机蔬果,越来越多的城里人知道了这里,江北茶园、百合基地、昙山氧吧……乡村旅游景点和特色旅游产品悄然而生,再加以打磨,生态效益直接促进了经济效益,带动了集体和村民双增收。

吴进军告诉记者，2017年以来，夏村先后接待游客3万余人次，带动群众增收30余万元，村集体实现增收5万元，解决了30名贫困群众就业问题，每名贫困群众获得分红1200元，全村26户精准扶贫户已经脱贫。

路子蹚开了，思路也开阔了，下一步，村里计划建设农产品深加工基地，百合、核桃、猕猴桃等特色农产品种植、加工、销售产业的链条式发展，用生态绿色渲染出村民们的美好生活。

生态宜居普福祉 筑巢引凤富古城

河流环村，绿柳垂绦，在荣子故里，郕国故都，世外桃源般的景色和古国遗址文化吸引了各地游人，看着络绎不绝的外来人，村民李召运满心欢喜。几年前还在城里打工的他看到村里环境发生变化萌生了回乡创业的想法，如今村里发展起了旅游业，李召运抓住时机，回乡开了一家农家乐，年收入20多万元。

古城村位于济宁市汶上县郭楼镇，也曾是污水横流、垃圾围村，晴天出门一身土，雨天出门一身泥。为改变古城村面貌，当地政府先从改造乡村旧貌入手，改造河道，坑塘治理，让村里的水更清，天更蓝，环境更整洁。

生态振兴的落脚点是打造农民安居乐业的美丽家园，乡村不应只有蓝天白云清新空气，还要有完善的基础设施、便利的人居条件。古城村两委为传承保护郕国历史文化资源，抓住机遇，修路搭桥，危房改造，修复了护城河，打造了观景台，结合儒家文化的内涵打造了三乐岛、景观桥、仿古街等景观,古色古香的小桥流水人家跃然眼前。难怪当地村民告诉记者,家乡这么美,出门都是景,生活在这样的农村,谁还愿意去城里?

从"村容整洁"到"生态宜居",农村生态环境建设上了一个台阶,生态环境的改善不仅要满足农民对美好生活的追求,更应该带来多重效益。

"自从村里有了绿化,我们这样不能外出打工的村民也能在家门口干上活了,一个月能领到1000多块钱。"贫困户王某珍说,以前家里几乎没有经济来源,现在不光能靠帮村里打理花草苗木赚工资,还能去大棚里做些力所能及的农活,给种植户打点零工。

王某珍所说的"大棚"就是镇村投资建设的两个高标准蔬菜大棚,现租赁给一家农业公司发展大棚蔬菜产业,每年35 000元的租赁费作为股息分红全部发放给本村和周围村贫困人口,共有41户贫困户受益,每人每年可增收454元。

筑巢引凤来,古城村的历史文化遗产和生态提升后的发展前景吸引了南方企业纷纷抛出橄榄枝,村党支部经过筛选,与上海一家公司达成合作意向,重点发展休闲农业和乡村旅游产业,着力打造田园综合体。

占地面积约为3500平方米的高效观光玻璃大棚拔地而起,集农业示范、育种、无土栽培为一体,栽植了200余种南方植物。大棚内以智慧农业为核心,运用新能源、智能灌溉、农业物联网控制系统,实现节水、节能、节肥、节约用工的智能化操作，成为当地农业观光的一大亮点。

离温室大棚不远就是古城村一眼望不到边的"黄金田"。通过废弃土路的复垦和沟边河沿整治，村里新增耕地近100亩。

生态振兴直接带来了经济效益，经村两委决定，这些新增的耕地以每亩1000元的价格流转出去为村集体增收。耕地面积扩大后，村里对连片种植有了新规划，建设了中药材种植基地，种植决明子、板蓝根、乌豆、丹参等中药材，呈现出专业化发展趋势。村党支部牵头成立劳务公司，组织村民为种田大户及企业提供劳务，进行统一派工、集中管理，用工单位支付中介费用，村民不用出村就能获得稳定收入。

良好的生态环境，是乡村振兴最大的优势和底气，以生态文明观改造传统农业，引领乡村振兴的进程让美丽的乡村更有"里子"。如今，浓浓绿意为济宁乡村实施振兴战略勾画上了生态底色，一幅可望可及的现代农村绿色画卷已然展开。

春暖花开的时节，记者行走在济宁各地的乡间，感受着美丽乡村的田园风貌，听老百姓讲述他们的美好生活，见证了良好生态成为乡村振兴的新支撑点，更是为济宁乡村的未来不断喝彩。（来源：大众网）

后　记

　　农民问题始终是中国革命和建设的根本问题，它关系到我国改革开放和现代化建设的全局。习近平总书记指出："农村要发展，根本要依靠亿万农民。要坚持不懈推进农村改革和制度创新，充分发挥亿万农民主体作用和首创精神，不断解放和发展农村社会生产力，激发农村发展活力。"这不仅是乡村振兴的根本要求，也是乡村振兴一切工作的出发点和落脚点。乡村振兴的实现离不开农民，只有提升农民素养，充分发挥农民的主体作用，才能有效推进乡村振兴。因此，培育农民素养是推进中国特色乡村振兴的要求，是新时代的要求。

　　本书主要研究了新时代农民素养的培育问题，从农民的各个素养出发，主要探讨了其内涵、现状以及提升素养的具体路径。在本书写作过程中，感谢闫杰和李兰老师提供了丰富的素材及相关资料，也给本书的写作框架提出了重要的参考意见。同时在本书写作过程中，也参考了相关的一些研究成果，在此一并致以诚挚的谢意！